HENRI GRANDJACQUES
Ancien Élève de l'École Polytechnique
Membre de l'Institut des Actuaires Français
Docteur en Droit

LES TENDANCES INTERNATIONALES DE L'ASSURANCE SOCIALE

PREMIERE ÉDITION
DU
CODE INTERNATIONAL DE L'ASSURANCE SOCIALE

Texte des conventions et recommandations du Bureau International du Travail relatives à l'assurance sociale et état de leurs ratifications.
État des ratifications mis à jour le 8 avril 1930 d'après les renseignements fournis par le Bureau International du Travail.

LIBRAIRIE
DU
RECUEIL SIREY
(Société Anonyme)
22, rue Soufflot — PARIS (Ve)

1930

Les Tendances Internationales de l'Assurance Sociale

Grandjacques

HENRI GRANDJACQUES
Ancien Elève de l'Ecole Polytechnique
Membre de l'Institut des Actuaires Français
Docteur en droit

LES
TENDANCES INTERNATIONALES DE L'ASSURANCE SOCIALE

PREMIERE ÉDITION

DU

CODE INTERNATIONAL DE L'ASSURANCE SOCIALE

Texte des conventions et recommandations du Bureau International du Travail relatives à l'assurance sociale et état de leurs ratifications.
État des ratifications mis à jour le 8 avril 1930 d'après les renseignements fournis par le Bureau International du Travail.

LIBRAIRIE
DU
RECUEIL SIREY
(Société Anonyme)
22, Rue Soufflot – Paris Ve

1930

PRÉAMBULE

LE MYTHE DE L'ASSURANCE SOCIALE

« *Ce qui périt par un peu plus de précision est un mythe.* » (Paul Valéry, *Petite lettre sur les mythes.*)

Un mythe est d'ordinaire une légende qui a pour but de retracer les histoires des dieux ou les hauts faits des héros. On a cherché à expliquer ces récits fabuleux en disant qu'ils retracent, sous une forme poétique, les aventures de certains hommes qui se sont élevés, par leur courage, leur force ou leur sagesse, au-dessus du niveau moyen de l'humanité. Allant plus loin dans cette voie, on a même pu dire que certains mythes représentent, sous une forme allégorique, les efforts de l'homme vers le progrès. Ainsi le mythe de Prométhée symbolise la découverte du feu et les luttes pour la conservation de la flamme du foyer. Dans le même ordre d'idées des écrivains socialistes ont qualifié de mythes les institutions susceptibles d'être considérées comme le but des aspirations de la classe ouvrière. Ainsi, selon Georges Sorel, Karl Marx n'avait présenté la conception catastrophique de la grève générale que comme un mythe illustrant la lutte des classes et la révolution sociale.

Ce dernier sens du mot mythe rejoint un peu l'acception

populaire d'après laquelle il désigne quelque chose qui n'existe que dans l'imagination et la terminologie poétique qui l'emploie pour désigner les visions du rêve. On peut expliquer ces divers sens en se reportant aux théories qui régnaient, en matière de philosophie du droit, pendant une bonne partie du siècle dernier. Il y avait alors deux écoles, l'école historique et l'école spéculative. L'école historique, ou à proprement parler historiste, professait que les institutions du droit ne sauraient être modifiées en vertu d'idées claires sur lesquelles on pourrait essayer de modeler la réalité sociale, qu'elles ne résultaient pas d'une délibération concertée et consciente mais d'un sentiment collectif issu d'un instinct profond. La tradition suffit, à elle seule, pour fixer les coutumes. La réflexion, qui peut ensuite s'exercer, est le plus souvent vaine. Les hommes pressentent le régime qui satisfera à leurs besoins : ils l'imaginent d'ordinaire sous la forme d'un mythe qui n'est dans leur esprit que le reflet de l'organisation vers laquelle ils tendent.

M. Charles Andler a fort bien caractérisé cet état de l'esprit dans sa préface à la traduction de la « *Théorie systematique des droits acquis* » de Ferdinand Lassalle[1].

« Il y a un courant continu, écrit-il, qui réunit les consciences individuelles, un Volksgeist, une pensée sociale diffuse où les individus vivent et se meuvent ». L'école spéculative ou rationaliste croit au contraire que le passé est mort ou qu'il n'en subsiste que ce que notre mémoire a pu en retenir. Le droit pour cette école est édifié par la volonté.

Lassalle a essayé de concilier les deux doctrines et en cherchant à saisir « l'idée concrète qui vit dans les institutions[2] », il a pu décrire « ce qu'est en elle-même cette force intérieure

1. Bibliothèque internationale d'économie politique, Paris, V. Giard et E. Brière, 1904.
2. Ch. Andler, *loc. cit.*

et cette âme obscure qui transforme peu à peu les institutions. Elle est une raison qui dirige inconsciemment les volontés. Mais la volonté guidée par la raison est ce qu'on appelle liberté. Le droit dans son histoire est donc la réalisation progressive de la liberté du vouloir[1] ». En recherchant à notre tour cette idée concrète qui fait que l'assurance ouvrière allemande ne ressemble pas à l'assurance ouvrière anglaise par exemple, nous avons acquis la conviction qu'il y a des lois qui président à la naissance des institutions juridiques comme à la formation des combinaisons chimiques.

Ces lois sont évidemment fonction des notions morales des milieux auxquelles elles doivent s'appliquer. Mais elles le sont aussi des principes qui régissent ces institutions. Si la volonté réfléchie des législateurs ne tient pas compte de ces principes, leurs institutions seront caduques. Elles ne subsisteront que si elles sont basées sur les règles saines, inspirées au technicien par une patiente observation.

Ces lois s'appliqueront différemment selon les conditions initiales et, de ce point de vue, il n'est pas indifférent de connaître l'origine des idées qui sont ainsi proposées à l'adhésion de la foule.

Le mythe de l'assurance sociale nous vient d'Allemagne. Il paraît né sous un climat humide, un ciel lourd et terne, un horizon monotone. Il a conservé une sorte de halo qui donne aux Allemands l'impression de la profondeur, mais auquel nous préférons la clarté française. Le mythe de l'assurance sociale, c'est l'assurance publique obligatoire. C'est bien un sombre concept germanique puissant et brutal et qui s'oppose à la vision claire de l'assurance ouvrière réalisée par les organes issus de l'initiative privée.

L'assurance sociale au sens germanique nous fait peur. Elle nous apparaît, avec les formidables moyens financiers qu'el-

1. Ch. Andler, *loc. cit.*

le met entre les mains de l'Etat, comme une machine redoutable qui nous fait penser à la trop belle armée allemande d'avant-guerre. Les mythes allemands ne sortent pas de l'Olympe, poliment élevés par les muses. Ils nous viennent d'un Walhalla resplendissant d'épées. Ils sortent du cerveau d'un Wotan monstrueux.

« Wotan a perdu un œil, sacrifié pour boire à la fontaine de la sagesse. A côté de Thor, frappant de son marteau magique sur les nuées tonnantes et déchirées d'éclairs, on le voyait passer, laissant flotter derrière lui le manteau bleu de la nuit semé d'étoiles, coiffé d'un chapeau de nuages, accompagné de ses corbeaux annonciateurs, de ses loups, de sa meute hurlant dans le fracas de la tempête et le fidèle Eckart qui le précédait invitait amicalement les créatures apeurées à se garer de la chasse infernale ». (Bertaux et Lepointe, Hachette.)

Toutes ces créations puissantes de l'âme allemande ont besoin de fidèles Eckart pour exercer autour d'elles une sévère police. Elles risquent, dans une atmosphère de liberté, de déclencher des cataclysmes. A la foudroyante invention de l'auto-fusée, invention germanique, nous préférons la lente mise au point de l'avion, réalisation française.

Nous en sommes un peu, pour l'assurance sociale, au point où l'on était au début de ce siècle pour l'aviation. Des essais audacieux avaient donné l'illussion du vol dont on ignorait encore la technique. Pourtant, à force de réflexion et de ténacité, en mettant en commun les progrès réalisés par chacun, on est arrivé peu à peu à la réalisation définitive du vol.

Dans l'assurance sociale, des essais hâtifs ont pu donner donner l'espoir de réformes fécondes. Est-ce à dire que l'on possède la formule définitive de l'assurance sociale ? Celle de la contrainte légale, préconisée en Allemagne, ne peut être celle de l'avenir. Le progrès n'a-t-il pas toujours été fondé sur la liberté ? Ici, la condition nécessaire de liberté nous fait rechercher les bases du développement de l'assurance sociale dans l'épanouissement de l'initiative privée et non pas dans une institution d'Etat.

Répudions donc l'assurance obligatoire, car aucun droit particulier, tant qu'il peut être exercé convenablement par l'individu, ne doit être conféré à l'Etat. Ceci n'est pas de l'individualisme outrancier et concorde fort bien avec les théories du solidarisme, dont M. Bouglé[1] rappelle la thèse du quasi-contrat en ces termes : « Le neuf de la théorie, c'est qu'elle vise à étendre ainsi le contrôle de l'Etat sans personnifier l'Etat à aucun degré, sans lui prêter une volonté propre, des vertus supérieures, des droits spéciaux. Les redressements de comptes qu'elle préconise, elle estime qu'on peut les justifier, rien qu'en présumant les justes volontés des associés; c'est-à-dire, en somme, qu'il est suffisant, pour renouveler le droit public, de transférer à son usage une des méthodes usuelles du droit privé. Entre le droit privé et le droit public, c'est un grand pan de mur qui s'écroule ».

Nous avons un peu l'impression que, dans certains milieux, la tendance se fait jour de chercher à rebâtir ou à consolider le mur que le solidarisme avait cru détruire. A l'abri de ce mur qui représente toutes les interventions arbitraires de l'Etat dans l'économie privée, on veut créer une atmosphère artificielle favorable au développement de l'assurance sociale. A l'intérieur de ce domaine, la charité devient suspecte, l'assistance paraît insultante, les lois physiques de l'assurance sont sans valeur et l'Etat peut, à son gré, baser l'assurance sociale sur les théories économiques les plus controversées ou l'a-

1. Bouglé, *Le solidarisme*, Giard (1924).

dapter aux expériences les plus audacieuses de répartition démagogique des fortunes.

Le but de cette thèse ne sera pas de prôner ou de critiquer tel ou tel système de cette assurance en vase clos; il sera plutôt de donner de l'air et de l'espace à ce domaine où l'assurance, asservie par l'Etat, s'étiole.

Dès qu'on aborde le terrain international, on rêve d'abaisser les frontières. Pour y arriver, le meilleur moyen n'est-il pas d'unifier les droits et en premier lieu de ne pas trop séparer les divers domaines juridiques, droit public et droit privé, droit international et droit interne qui en définitive régissent tous les rapports des hommes entre eux.

Il nous semble paradoxal de prétendre que des Etats sont plus qualifiés pour franchir les frontières que des sociétés dont l'existence précisément n'est pas liée à ces conditions de frontières. Pourquoi donc faire promouvoir par des Etats une organisation dont on veut affirmer le caractère universel et international ?

Si l'on cherche d'ailleurs à donner un peu de précision au mythe de l'assurance publique obligatoire, on sent s'évanouir la caractéristique dont on veut la doter et il ne subsiste bientôt plus que les principes qui ont de tout temps formé l'armature solide de l'assurance privée.

Pour ranimer l'assurance sociale qui étouffe sous la tutelle étatiste, il faut donc l'air pur de la liberté, l'oxygène des principes techniques, le stimulant de la concurrence dû à l'assurance privée.

L'assurance sociale, lorsqu'elle aura été ainsi revivifiée, ne sera plus alors ni un mythe redoutable pour la classe patronale, ni un mythe illusoire pour la classe ouvrière.

CHAPITRE PREMIER

LES BASES MORALES DE LA LÉGISLATION INTERNATIONALE DE L'ASSURANCE SOCIALE

> « *Il y a question sociale quand un grand nombre d'hommes dans une société commence à trouver qu'une part nouvelle de ce qui était jusque-là pur idéal moral doit passer dans la réalité des codes.* »
>
> (Andler, *Les origines du socialisme d'Etat en Allemagne.* Paris, Alcan, 1897 p. 463.)

M. Gidel, professeur à la faculté de Droit, enseigne que, pour justifier les droits individuels, on a abandonné maintenant la théorie du contrat social, et qu'il n'y a plus en présence que la thèse individualiste et la thèse solidariste.

La thèse individualiste a trouvé son expression la plus forte dans la Déclaration des Droits de l'Homme et du Citoyen du 26 août 1789.

La thèse solidariste est exposée notamment par M. Bouglé dans « *Le solidarisme* » et par Léon Bourgeois dans « *Solidarité* ».

M. Bouglé ne s'illusionne pas sur les origines du solidarisme.

« Nous sommes tous membres d'un seul corps. De même que c'est par la chute d'un seul que tous les hommes sont tombés dans la condamnation, de même c'est par la justice d'un seul que tous les hommes reçoivent leur justification. De même que tous meurent en Adam, tous revivent en Christ ».

« Ces paroles de saint Paul, ajoute M. Bouglé, nous rappellent que nulle philosophie de l'histoire, mieux que celle qui est incluse dans l'Evangile, n'a illustré l'état de mutuelle dépendance où vivent les membres de l'humanité. Voulez-vous retrouver le noyau des théories solidaristes ? Méditez seulement le dogme du péché originel. » Continuant cet aperçu rétrospectif, M. Bouglé note avec raison que l'individualisme classique apparaît plus social qu'on ne le croit généralement. Il rappelle à ce sujet les greniers publics de Rousseau, le système d'assurances mutuelles de Condorcet et le droit à la subsistance proclamé par Montesquieu.

« Quelques aumônes que l'on fait à un homme nu dans les rues ne remplissent point les obligations de l'Etat, qui doit à tous les citoyens une subsistance assurée, la nourriture, un vêtement convenable, et un genre de vie qui ne soit point contraire à la santé[1] ».

M. Bouglé cherche ensuite à laïciser la thèse solidariste, mais il n'arrive pas à nous convaincre que son profond esprit religieux n'a pas contribué puissamment à la répandre parmi les masses ouvrières, tant catholiques que protestantes, dont l'action concertée a abouti à l'inscription d'un programme de paix sociale dans le Traité de Versailles.

Le préambule de la Partie XIII du Traité de Paix expose ainsi les raisons de ce programme, dont la première réalisation est la création de l'Organisation permanente du Travail :

« Attendu que la Société des Nations a pour but d'établir une paix universelle et qu'une telle paix ne peut être fondée que sur la base de la justice sociale,

Attendu qu'il existe des conditions de travail impliquant pour un grand nombre de personnes l'injustice, la misère et les privations, ce qui engendre un tel mécontentement que la paix et l'harmonie universelles sont mises en danger,

1. Montesquieu, *Esprit des lois*, ch. XXIX, Des Hôpitaux.

Attendu qu'il est urgent d'améliorer ces conditions : par exemple en ce qui concerne... la lutte contre le chômage,... la protection des travailleurs contre les maladies générales ou professionnelles et les accidents résultant du travail, la protection des enfants, des adolescents et des femmes, la défense des intérêts des travailleurs occupés à l'étranger...,

Attendu que la non-adoption, par une nation quelconque, d'un régime de travail réellement humain, fait obstacle aux efforts des autres nations désireuses d'améliorer le sort des travailleurs dans leurs propres pays. »

Les Hautes Parties Contractantes ont fondé l'Organisation permanente du travail et proclamé neuf principes généraux, en particulier le suivant :

« 8° Les règles édictées dans chaque pays au sujet des conventions de travail devront assurer un traitement économique équitable à tous les travailleurs résidant légalement dans le pays ».

Le Traité reconnaît que les conditions de travail, à elles seules, peuvent entraîner l'injustice; il va donc plus loin que la Déclaration des Droits de l'Homme, qui n'admet qu'une restriction aux droits de l'individu, le droit des autres individus (art. IV) ou, en d'autres termes, l'intérêt général.

Ici l'Etat doit non seulement ne rien faire de contraire à la solidarité sociale, mais encore faire tout le possible pour assurer la réalisation de cette solidarité qui ne s'étend plus à l'Etat seul, mais à l'ensemble des Etats.

Cette extension ne prend toute sa valeur dans le domaine international, que si l'on réfléchit à l'évolution des idées sur la notion de l'Etat, et sur son rôle dans les rapports internationaux.

M. Politis nous donne sur ce sujet dans « *Les nouvelles tendances du Droit International* » des indications très intéressantes.

« La solidarité des relations humaines est le grand phénomène social moderne.. L'Etat n'est plus tenu que pour une pure abstraction. Comme tout groupement, il n'est pas une fin en soi, mais un simple procédé de relations entre les hommes dont il est composé... Depuis que l'on s'est décidé à laisser de côté les dogmes et les fictions, on s'est aperçu que le droit international a exactement le même fondement que le droit interne : c'est un produit social : il commence par être un ensemble d'usages économiques et moraux qui finissent par devenir obligatoires quand les hommes acquièrent la conviction que leur intérêt leur impose d'y conformer leur conduite...

Quel que soit le milieu social où il s'applique, le droit a le même fondement, parce qu'il a toujours la même fin : il vise partout l'homme, et rien que l'homme. Cela est tellement évident, qu'il serait inutile d'y insister, si les brumes de la souveraineté n'avaient pas obscurci les vérités les plus élémentaires. C'est donc avec raison que, dans les projets de déclaration des droits et des devoirs des nations, l'on a cru utile de rappeler le but du droit international. Dans le projet élaboré en 1919 par l'Union juridique internationale, il est dit (article 6) que les Etats « ont pour mission de poursuivre solidairement, par les progrès de la civilisation, le bonheur humain ». Et dans le projet soumis en 1921 à l'Institut de droit international, il est précisé (art. 7) que l'Etat, « dans le monde, n'est qu'un moyen en vue d'une fin : la perfection de l'humanité. »

Tant que le dogme de la souveraineté était debout, ces règles n'étaient tenues pour obligatoires que dans l'hypothèse des étrangers. Vis-à-vis des indigènes de ses colonies et surtout vis-à-vis de ses sujets, l'Etat souverain ne pouvait avoir qu'un devoir moral. Il en est autrement aujourd'hui. »

Voilà justement ce qui fait l'importance actuelle des considérations internationales sur la législation du travail et la protection des risques sociaux.

De tous les points de la terre, il vient actuellement à Genève des représentants de presque toutes les nations, qui travaillent à la réalisation du programme tracé par le Traité de Paix. Le Bureau International du Travail prépare depuis 1919 de nombreux projets de conventions internationales qu'il propose à la ratification des membres de l'organisation. Les Etats ne sont tenus par aucune sanction à ratifier les projets qui leur sont présentés, mais la ratification devient dans certaines conditions une obligation morale, confirmée de plus, bien souvent, par des raisons politiques.

Les décisions de la Conférence Générale de l'Organisation Internationale du Travail, ont une répercussion mondiale, sur les conditions de vie des travailleurs.

Nous laisserons de côté l'étude de l'influence de l'œuvre élaborée à Genève sur la législation du travail proprement dite.

Mais notre intention est d'examiner l'activité du Bureau International du Travail, dans le domaine de la protection des risques sociaux et de considérer l'influence qu'elle peut avoir sur le développement de l'assurance ouvrière en France et dans le monde.

A l'heure où l'opinion publique, en France, commence à s'inquiéter de la répercussion de la loi du 5 avril 1928 sur le développement économique du pays, il ne paraît pas indifférent, de voir dans quelle mesure les projets de conventions de Genève ont pu influer sur les projets du Gouvernement français.

Il convient en effet de se rendre compte dans quel sens l'Organisation Internationale du Travail tend à orienter l'évolution de l'assurance sociale, de se demander si cette orientation convient aux intérêts généraux de l'homme, si elle correspond à des principes de gestion rationnelle, et si elle satisfait aux tendances instinctives des nations intéressées.

CHAPITRE II

LE DOMAINE ET LE DÉVELOPPEMENT HISTORIQUE DE L'ASSURANCE SOCIALE

> *L'unité de l'assurance sociale provien de ses bénéficiaires, ce sont « les personnes qui tirent leurs ressources de leur travail. »* (J. Hémard, *Traité théorique et pratique des assurances sociales.*)

Dans son important « Traité des assurances sociales », M. Hémard a délimité avec soin le domaine de l'assurance sociale. Il remarque tout d'abord avec raison qu'il ne faut pas croire que l'assurance sociale est nécessairement une assurance publique, exploitée par un organe administratif. L'assurance sociale se caractérise à ses yeux et par ses bénéficiaires « les personnes qui tirent leurs ressources de leur travail » et par l'intervention d'autres personnes dans le paiement des frais de l'assurance. Ce critérium conduit M. Hémard à exclure du domaine de l'assurance sociale toute assurance n'imposant aucun versement à l'ouvrier. Il en résulte que l'assurance contre les accidents de travail, indemnisée selon la doctrine du risque professionnel, ne lui paraît pas constituer, même en Allemagne, une assurance sociale. Cette opinion trop restrictive méconnaît, à nos yeux, les lois de l'incidence des cotisations de l'assurance sociale d'après lesquelles la charge patronale des accidents du travail a une influence indirecte, mais très réelle, sur les salaires. La répartition des charges de la production varie en effet avec le temps et selon la situation économique, elle peut être absolument contraire à celle fixée par les textes législatifs et reporter, à certaines périodes, sur l'ouvrier des charges imposées théoriquement à l'employeur, tandis qu'à d'autres moments elle oblige l'employeur à supporter le poids d'une part de la cotisation ouvrière.

Nous n'accepterons donc pas la clause, trop restrictive à nos yeux, de la seconde partie de la définition de M. Hémard.

L'assurance sociale est donc simplement l'assurance des personnes qui tirent leurs ressources de leur travail.

L'assurance sociale s'étend en principe aux risques qui exposent le travailleur à la perte des ressources nécessaires à sa subsistance et à celle de sa famille : maladie, maternité, accident, maladie professionnelle, invalidité, vieillesse, chômage, décès.

Envisagée de ce point de vue très général, l'assurance sociale n'a pas été complètement inconnue des sociétés antiques.

Il nous suffira de mentionner comme preuve le témoignage de Montesquieu, qui non seulement nous en signale l'existence mais qui en indique avec précision le véritable objet et en signale ironiquement les abus.

« Aureng-Zeb, à qui on demandait pourquoi il ne bâtissait point d'hôpitaux, dit : « Je rendrai mon empire si riche qu'il « n'aura pas besoin d'hôpitaux ». Il aurait fallu dire : « Je com- « mencerai par rendre mon empire riche, et je bâtirai des « hôpitaux ».

Les richesses d'un Etat supposent beaucoup d'industrie. Il n'est pas possible que, dans un si grand nombre de branches de commerce, il n'y en ait toujours quelqu'une qui ne souffre, et dont par conséquent les ouvriers ne soient dans une nécessité momentanée.

C'est pour lors que l'Etat a besoin d'apporter un prompt secours, soit pour empêcher le peuple de souffrir, soit pour éviter qu'il ne se révolte : c'est dans ce cas qu'il fait des hôpitaux, ou quelque règlement équivalent, qui puisse prévenir cette misère.

Mais quand la Nation est pauvre, la pauvreté particulière dérive de la misère générale. Tous les hôpitaux du monde ne sauraient guérir cette pauvreté particulière; au contraire, l'esprit de paresse qu'ils inspirent augmente la pauvreté générale, et par conséquent la particulière.

A Rome, les hôpitaux font que tout le monde est à son aise, excepté ceux qui travaillent, excepté ceux qui ont de l'industrie, excepté ceux qui cultivent les arts, excepté ceux qui ont des terres, excepté ceux qui font le commerce[1] ».

Dans de nombreuses civilisations antiques, l'esclave payait sa sécurité du prix de sa liberté.

Au Moyen âge, les corporations faisaient un devoir aux compagnons de s'assister mutuellement en cas de maladie. M. Rudolf Wissell, actuellement ministre du Travail du Reich a exposé dans un article très documenté[2] que dès 1270 le droit municipal de Hambourg prévoyait l'assistance obligatoire des patrons envers leurs serviteurs malades.

Un édit du Hanovre de 1279 considère comme inhumain le renvoi des compagnons malades dans leur pays d'origine et prescrit de leur donner sur place les soins que commande leur état.

Il ne paraît pas utile d'insister ici sur l'organisation remarquable des caisses de retraite de l'inscription maritime et

1. Montesquieu, *Esprit des lois*, ch. XXIX, Des Hôpitaux.
2. *Die Reichsversicherung*, année 1927, cahier 5, p. 138.

sur le rôle important que joua l'institution de Colbert dans le développement de l'assurance sociale.

Dès la fin du XVIIIe siècle, on trouve de véritables caisses mutuelles d'assurance contre la maladie, en France comme en Allemagne. Elles pratiquent naturellement l'assurance au décès dont on retrouve trace dans les anciennes institutions de Rome.

La Grande-Bretagne est considérée en général comme « la « terre classique des sociétés de secours fraternels » et le berceau de la mutualité, tandis qu'on réserve à l'Allemagne l'honneur d'avoir donné le jour à l'assurance sociale.

Dans le palmarès international de l'assurance sociale, l'Allemagne récolte en général tous les premiers prix, la Grande-Bretagne recueille des éloges pour ses lois récentes. Mais si la France est à peine nommée pour son assurance contre les accidents du travail et si les Etats-Unis n'apparaissent pas du tout, ne nous hâtons pas de conclure que ces deux dernières nations n'ont rien ou presque rien fait dans l'ordre d'idées qui nous occupe. Indépendamment de la loi, encore bien informe, sur les assurances sociales que la France élabore avec peine parce qu'elle correspond mal à ses traditions, la France a, comme les Etats-Unis, de belles réalisations privées à son actif.

Si nous n'oublions pas que l'assurance sociale est trop souvent confondue avec l'assurance publique, nous verrons que le palmarès a oublié bien des concurrents et qu'il a négligé d'importantes institutions d'assurance sociale qui n'ont pour défaut que d'être issues de l'initiative privée et qui, vu les résultats obtenus, pourraient prétendre à une place d'honneur.

Pour réagir contre cette tendance qui introduit dans l'esprit public l'idée fausse que l'assurance des risques sociaux est nécessairement une assurance gérée par l'Etat, il nous paraît indispensable de présenter tout d'abord une courte monographie de l'assurance sociale, comprise au sens large du terme, en Allemagne, en Angleterre et aux Etats-Unis.

LES ASSURANCES SOCIALES EN ALLEMAGNE

Le caractère allemand, avec sa tendance naturelle à s'isoler et sa tendance civilisée à se grouper sera donc fait de changement perpétuel et consistera dans un éternel devenir. » (Texte de Nietzsche, Bertaux, 130 : *Was ist deutsch.*)

La civilisation germanique a su réaliser ce tour de force de pallier à un système rétrograde d'assurance obligatoire d'Etat par une organisation technique très développée. La science et l'autorité des professionnels de l'assurance sociale ont permis à l'Allemagne de mettre au point une organisation dont les erreurs de principe ont été patiemment redressées par une équipe de fonctionnaires, les fidèles Eckart de notre préambule, qui font honneur à leur pays. L'assurance sociale inaugurée en 1881 par Bismarck a été consacrée le 11 aout 1919 par la Constitution de Weimar dont l'article 161 a à ce point de vue une importance considérable.

Ceux qui, comme le Dr Brauns, ministre du Travail du Reich de 1920 à 1928 et ses conseillers le Dr Grieser et le Dr Aurin, ont maintenu intact, pendant cette période, l'édifice de l'assurance sociale[1], professent avoir été soutenus

1. On ne saurait trop conseiller à ceuxqui désirent avoir une idée des difficultés qui furent surmontées par le Gouvernement allemand pendant cette période, de lire l'ouvrage remarquable publié par M. Gustave Moulin, docteur en droit et licencié ès lettres sous le titre *La réforme des assurances sociales en Allemagne depuis la Révolution de 1918* (1 vol. Presses Universitaires de France Paris, 1925, 30 fr.).

Ce livre nous inspirait, au moment où il a paru, les réflexions suivantes :

L'ouvrage intéressera tout particulièrement les économistes; M. Moulin

dans leur lutte journalière par la pensée de conserver à cette institution son caractère d'assurance.

L'assurance obligatoire d'Etat devient ainsi un moindre danger si elle est dirigée du bureau du ministre du Travail par des hommes qui agissent selon les mêmes principes que des directeurs d'organes d'assurance privée et dont l'autorité est telle qu'ils peuvent rallier le Parlement à leurs conceptions.

Organisée obligatoirement sur une base qui était peu rationnelle mais correspondait aux aspirations du caractère national, l'assurance sociale allemande prit dès le début un très vaste développement.

Le pourcentage de la population assurée contre la maladie à la population totale a varié de 10 % en 1885 à 30 % en 1923 d'une façon à peu près régulière.

Dans l'assurance accidents, le pourcentage de 7% en 1885 passe brusquement à 21 % en 1888 et 27 % en 1889. Il restera alors à peu près constant jusqu'en 1907 pour passer a 37 % et se fixer après la guerre aux environs de 35 %.

prouve en effet que, si la débâcle financière de l'Allemagne a momentanément réduit les assurances sociales à une situation très précaire, les ravages causé par la guerre ont stimulé leur activité en multipliant et en aggravant les sinistres auxquels elles ont précisément pour objet de remédier. Les assurances sociales ont dû renoncer au principe tutélaire de capitalisation et élever néanmoins les cotisations, mais elles ont réalisé à ce prix des réformes très importantes au point de vue social : organisation de l'assurance maternité et de l'assurance-chômage, orientation méthodique de toutes les assurances sociales vers la prévention et la suppression des sinistres, élévation des indemnités en espèces. Le chapitre que M. Moulin consacre à l'assurance minière est particulièrement édifiant; il montre comment le gouvernement allemand qui, à l'époque de la résistance passive, avait besoin de s'attacher les syndicats d'ouvriers mineurs, leur a consenti des réformes d'une portée incommensurable : ingérence directe des syndicats dans la direction des assurances minières, attribution aux mineurs, dès 50 ans d'âge, d'une pension de vieillesse atteignant 40 % du salaire des ouvriers les mieux rétribués, prolongation des pensions d'orphelins jusqu'à 18 ans d'âge, adaptation mensuelle de toutes les pensions en cours aux variations du salaire moyen.

L'auteur conclut avec raison, qu'au plus fort de la tourmente économique et politique, l'Allemagne n'a pas considéré les assurances sociales comme un poids mort, mais comme un instrument précieux de paix civile et d'union nationale.

Le pourcentage de la population assurée contre l'invalidité à la population totale est resté presque constamment de 1891 à 1907 aux environs de 23 %. Depuis il a augmenté avec une certaine régularité pour arriver à 27 % en 1924.

Il est intéressant de remarquer que, depuis 1889, le domaine de l'assurance maladie est à peu près le même que celui de l'assurance accidents. Pourtant, jusqu'en 1914, environ 13 % de la population fut assurée contre les accidents sans être assurée contre la maladie. Cette différence est tombée à environ 6 % après guerre. Ceci montre les difficultés de l'introduction dans les mœurs de l'assurance maladie, même sous un régime strictement obligatoire.

Il convient de se montrer assez sceptique sur les résultats statistiques relatifs aux assurés de l'assurance invalidité. Celle-ci est organisée en Allemagne de telle sorte qu'il lui est très difficile de connaître le nombre de ses assurée. Déjà M. Fuster signalait en 1905 dans la publication du Ministère du Travail français intitulée « Documents sur les retraites ouvrières en Allemagne » que « l'assurance allemande ignore le nombre de ses assurés » (p. 23). Du moins ne le connaît-elle qu'à environ un dixième près.

La politique sociale de Bismarck fut un compromis entre le libéralisme et le conservatisme, selon la formule hégélienne, compromis auquel M. Guglielmo Ferrero a pu donner le nom de « démomonarchie ».

L'obligation à l'assurance, déjà prônée en 1870 par Schäffle, y joue le rôle principal. Les inconvénients de cette formule y sont compensés par l'esprit dans lequel elle fut appliquée, esprit de vaste compréhension des nécessités techniques de l'assurance et des exigences impérieuses d'un programme de prévention des risques sociaux.

Adolf Wagner résumait en 1907 les luttes soutenues pour

l'obligation dans les termes suivants : « Les objections présentées autrefois contre l'obligation à l'entrée dans l'assurance et au paiement de la cotisation proviennent seulement d'une conception extrêmement individualiste, d'ailleurs fausse, comme s'il s'agissait seulement de bienfaits pour l'individualité tandis qu'il entre en jeu tant d'intérêts généraux importants de nature sociale, éthique et politique. Les défauts économiques, techniques et administratifs d'une telle assurance ouvrière générale et obligatoire ne peuvent être niés... Mais ils n'équivalent pas aux éminents avantages sociaux et politiques[1] ».

La mise en application de ce programme d'assurances sociales fut vraiment effectuée dans un esprit très raisonnable, Ainsi les diverses branches de l'assurance furent introduites par échelons. L'assurance maladie est mise en route en 1885, ainsi que l'assurance accidents, l'assurance des invalides en 1891 et l'assurance des survivants en 1912, l'assurance chômage en 1927. Malgré l'intervention très étroite de l'Etat, les cotisations de l'assurance invalidité sont calculées selon le système de la capitalisation avec un soin tel qu'on n'eut pas à en changer le taux de 1891 à 1916, la modification survenue en 1911 correspondant pratiquement à l'extension aux survivants (*Hinterbliebenen*) du régime des pensions.

Enfin le législateur fut assez sage pour respecter, avec leur caractère propre, les organes d'assurance existant avant l'intervention de l'Etat, laissant subsister presque sans changement de nombreuses caisses d'assurance maladie et permettant à l'initiative privée de se mettre à la disposition

1. Adolf Wagner, *Theoretische Sozialökonomik*, 1. Abteilung 1907, p. 104 et 479. Passage cité par Friedrich Zahn dans *Die wissenschaftlichen Ansichten über das soziale Versicherungswesen*, titre de l'article d'un recueil dédié à Gustav Schmoller sous le titre *Die Entwickelung der deutschen Volkswirtschaftslehre im XIXe Jahrhundert*, Leipzig, 1908.

des assurés et particulièrement des employés pour le fonctionnement de l'assurance retraite.

De nombreux abus ne purent cependant être évités; le plus grave fut la charge, à certains moments presque intolérable, que l'assurance sociale imposa à la production. Le total des cotisations représenta en mai 1925 dans la Ruhr plus de 25 % du salaire ouvrier.

L'ASSURANCE SOCIALE EN GRANDE-BRETAGNE

« *Plus on s'engagera dans la voie de l'assurance universelle et obligatoire, plus lourdement cette assurance pèsera sur les finances publiques et plus rapidement aussi la nation s'apercevra de la nécessité avec laquelle s'impose, en ces matières, une politique préventive.* » (Sydney et Beatrice Webb, *La lutte préventive contre la misère.*)

L'Angleterre est une des nations qui a conservé le plus longtemps un caractère libéral à l'assurance ouvrière. Aussi est-ce dans ce pays que l'assurance coûte le moins cher.

Ainsi, avant la guerre, les cotisations totales d'assurance sociale représentaient dans les mines anglaises 2,64 % des salaires. Entre mai et décembre 1924, elles ont représenté 3,70 %. A partir de janvier 26, elles étaient d'un peu moins de 5 %. Ces chiffres sont modiques par rapport à ceux de l'Allemagne, puisque la cotisation totale du mineur de la Ruhr se montait déjà en 1913 à 7,34 % du salaire et en mai 1925 à 24,16 %. Ils sont faibles également si on les compare aux cotisations du mineur français qui, sans la charge résultant des accidents du travail, se montaient à 8 % en 1914 et 12 % en 1925.

Les cotisations totales (patron plus salarié) se décomposent en Angleterre comme suit :

1. — *Par rapport au salaire :*

	Année 1913	mai-déc. 1924	Année 1926
Assurance maladie-invalidité .	1.13	0.71	0.71
— accidents	1.51	2.32	2.32
— chômage		0.67	0.67
— vieillesse			1.14
Total	2.64	3.70	4.84

2. — *Par salarié et par semaine :*

	Année 1913	mai-24 avril 25	Année 1926
Salaire journalier	6 s. 5.64	10 s. 9.37	10 s. 9.37
— hebdomadaire	1 £ 18 s. 0.84	3 £ 4 s. 8.22	3 £ 4 s. 8.22
Par semaine : assurance-maladie-invalidité	0 s 5.26	0 s 5.54	0 s 5.54
d accidents	0 s 7.03	1 s 5.26	1 s 5.26
d chômage		0 s 5.21	0 s 5.21
d vieillesse			0 s 9.
Total de la cotisation ...	1 - 0.29	2 - 4.01	3 - 1.01

Nous allons examiner successivement les divers genres d'assurances :

I. Assurance vieillesse-décès.

Avant 1909, les communes anglaises pratiquaient l'assistance aux vieillards indigents dans le cadre de la loi sur les pauvres qui remontait au régime d'Elisabeth.

La loi du 21 août 1908[1] substitua à ce régime archaïque un système de pensions uniformes allouées par l'Etat, après 70 ans, à quiconque, ouvrier ou non, se trouve dans l'in-

1. La Société de législation comparée (annuaire de 1908, p. 7) a publié la traduction française de la loi de 1908.

digence et justifie d'une bonne conduite. Ce régime d'assistance, amélioré en 1911 et en 1919, est encore en vigueur.

Enfin une loi d'août 1925 a institué, avec effet au 1er janvier 1926, un régime d'assurance en faveur des ouvriers âgés de 65 ans, des femmes d'ouvriers âgées de 65 ans, des veuves d'ouvriers et des orphelins d'ouvriers.

Le régime est le suivant[1] :

1° *Champ d'application*

Sont obligatoirement assurés tous les travailleurs manuels et ceux des travailleurs non-manuels dont le traitement annuel ne dépasse pas 250 £ (31.250 fr.); leur nombre s'élève à 15.000.000,

2° *Prestations*

Ont respectivement droit à une pension de vieillesse de 10 s. par semaine (520 s. ou 3.250 fr. par an) à partir de 65 ans :

1° L'assuré;
2° Sa femme;

La veuve a droit, dès le décès du mari, à une pension de 10 s. par semaine (3.250 fr. par an), plus une allocation pour les enfants de moins de 14 ans (5 s. par semaine, soit 1.625 fr. par an) pour l'aîné, 3 s., par semaine, soit 975 fr. par an pour chaque autre enfant.

En principe, ces différentes pensions ne sont allouées que si l'assuré justifie d'une certaine durée d'affiliation.

1. D'après l'analyse du projet du 29 avril 1925 publiée dans les *Informations sociales* du Bureau International du Travail, 18 mai 1925 p. 56.

3° *Ressources financières*

Les prestations sont couvertes en partie par les cotisations patronales et ouvrières, en partie par une subvention de l'Etat.

La loi distingue les assurés qui n'ont pas encore 16 ans au 1er janvier 1926 et les assurés qui ont déjà atteint cet âge avant cette date.

Pour les premiers, les cotisations doivent suffire à couvrir toutes les prestations jusqu'à 70 ans d'âge; la subvention de l'Etat servira seulement à couvrir les pensions des ouvriers, femmes et veuves ayant dépassé 70 ans d'âge.

Pour la seconde catégorie d'assurés les cotisations ne pourront même pas suffire à couvrir les pensions accordées jusqu'à 70 ans d'âge; la subvention de l'Etat sera destinée à couvrir non seulement les pensions allouées après cet âge mais aussi le déficit qui, pour les autres pensions, résultera de l'insuffisance des cotisations.

Les cotisations ont été fixées comme suit pour les 10 années 1926 à 1935 :

	Cotisations hebdomadaires		
	Employeur	Assuré	Total
Hommes	4 p. 5	4 p. 5	9 p. (4 fr. 75)
Femmes	2 p. 5	2 p.	4 p. 5 (2 fr. 37)

On admet que la cotisation des assurés fournira pendant les années 1926-1935, 20 millions de £ (2,5 milliards de francs) par an, auxquels l'Etat devra ajouter 5.750.000 £ (719 millions de francs).

Au cours des 50 années suivantes, on prévoit une augmentation considérable des frais; la contribution hebdomadaire de l'employeur et celle de l'ouvrier seront majorées chacune de un penny, et celle de l'employeur et de l'ouvrière de 1 /2 penny après les 10e 20e et 30e années d'application de la loi. La subvention de l'Etat sera également augmentée.

La mise en application de cette loi est trop récente pour qu'on puisse émettre un avis autorisé sur son avenir. On peut prévoir dès maintenant cependant que le nombre des bénéficiaires que l'on évaluait en 1928 à 277.000 veuves, 379.000 enfants et à 315.000 hommes et 151.000 femmes de 65 à 70 ans aura augmenté en 1951 jusqu'à 1.102.000 veuves, 481.000 enfants, 519.000 hommes et 302.000 femmes de 65 à 70 ans.

Les charges totales de 17 millions de livres en 1928 s'élèveront à 63 millions en 1951.

Ces derniers renseignements sont extraits d'un rapport de M. C. H. Maddex (Londres) au 8e Congrès International d'Actuaires de Londres.

II. Assurance maladie-invalidité.

L'assurance maladie-invalidité a été organisée en Angleterre par une loi du 16 décembre 1911[1], qui est entrée en vigueur le 1er janvier 1913 et qui a subi depuis la guerre plusieurs modifications[2].

Elle est obligatoire à partir de 16 ans pour tous les ouvriers et employés ayant une occupation manuelle et pour ceux des ouvriers ou employés ayant une occupation in-

1. Cette loi comprend 115 articles et 9 annexes. Les annexes 1 à 83 et les annexes I à V concernent l'assurance-maladie-invalidité; les art. 84 à 107 et les annexes VI à VIII concernent l'assurance-chômage les art. 108 à 115 et l'annexe IX concernent à la fois les deux assurances. La traduction française de cette loi a paru dans l'annuaire de l'Office du Travail de Belgique, pp. 330 à 557.

2. Le Bureau International du Travail (série législative, année 1920, G. B. 2; année 1921, 2e partie, G. B. 1; année 1922, G. B. 4) a publié la traduction française des trois lois modifiant le régime de l'assurance-maladie-invalidité.

tellectuelle qui ne gagnent pas, par an, plus de 160 livres (20.000 fr. au cours actuel). Elle comprend, d'autre part, des assurés volontaires (ex-assurés obligatoires notamment).

1° **Cotisations.** — Les cotisations d'assurance obligatoire sont acquittées par les patrons; ceux-ci retiennent sur le salaire des hommes 5 p. et sur celui des femmes 4 p.; ils paient de leurs deniers 5 p.; la cotisation totale est donc uniformément de 10 p. (5,fr.25 au cours actuel[1]) par semaine pour les hommes, 9 p. (4,72) pour les femmes (avant la guerre 7 et 6 pences); la cotisation est toutefois moins élevés si le salaire journalier ne dépasse pas 2 s. 6 p. (15 fr. 75). Quand l'assuré a dépassé 70 ans, il n'est plus dû de cotisation.

Les cotisations sont moitié à la charge du patron, moitié à la charge de l'assuré sous forme de retenue sur son salaire; elles couvrent les 7/9 des dépenses; les deux derniers neuvièmes sont couverts par l'Etat[1].

2° **Prestations.** — Les prestations comportent en principe : 1° le traitement médical, les médicaments, les appareils médicaux ou chirurgicaux; 2° l'admission dans un sanatorium en cas de tuberculose; 3° pendant 26 semaines, l'attribution d'un secours hebdomadaire de maladie (10 s. pour les hommes, 7 s. 6 p. pour les femmes) en cas d'incapacité de travail, à partir du 4e jour de l'incapacité; 4° à l'expiration du secours pécuniaire de maladie, et jusqu'à la fin de l'incapacité, l'attribution d'un secours hebdomadaire d'invalidité (5 s.); 5° en cas d'accouchement d'une assurée ou de la femme d'un assuré, un secours pécuniaire de couches (30 s.); 6° pour les membres de certaines sociétés d'assurance-maladie-invalidité, des prestations supplémen-

1. Pour les femmes, les proportions sont un peu différentes.

taires (traitement médical de la famille, traitement dentaire, paiement du secours pécuniaire de maladie dès le premier jour d'incapacité, etc...).

Ces prestations sont soumises à de nombreuses restrictions.

Par exemple :

1° Le secours pécuniaire de maladie ou d'invalidité cesse à 70 ans;

2° L'assuré qui réside à l'étranger n'a droit à aucune prestation;

3° L'assuré n'a droit au secours pécuniaire de maladie ou de couches qu'après une assiduité de 26 semaines; au secours pécuniaire d'invalidité qu'après une assiduité de 104 semaines.

4° Le secours pécuniaire de maladie ou d'invalidité est réduit pour les assurés célibataires de moins de 21 ans, pour les personnes qui entrent dans l'assurance après 50 ans, pour les assurés exclus des sociétés agréées et recueillis par la poste (voir plus loin), pour les assurés qui, depuis leur entrée dans l'assurance, ont versé moins de 48 cotisations hebdomadaires par an, etc...

3° — Fonctionnement de l'assurance

a) *Commissaires* : Les commissaires de l'assurance sont des fonctionnaires nommés par le Gouvernement et répartis entre un bureau central qui a son siège à Londres et des succursales ayant leur siège en province. Les commissaires peuvent nommer des employés, des inspecteurs, des arbitres et des agents qui sont payés par l'Etat. Ils sont chargés d'approuver les contrats conclus entre les comités d'assurance et les médecins, pharmaciens, orthopédistes, directeurs de sanatoria; de surveiller les sociétés d'assurance (approbation des statuts; examen de la comptabilité, inventaires actuariels, mise sous séquestre des sociétés déficitaires) de règler les litiges, etc...

b) *Comité consultatif* : Le Comité consultatif est nommé par les commissaires, mais se compose de représentants des patrons, de représentants des assurés, de représentants des sociétés d'assurance et des médecins. Il est chargé de donner des avis aux commissaires.

(c) *Comité d'assurance*. — Les Comités d'assurance sont des collèges départementaux ou municipaux comprenant chacun de 40 à 80 membres et se composant des représentants des assurés, des médecins, des délégués des commissaires et des délégués du Conseil Général de municipalité. Ils étaient avant la guerre chargés de conclure des conventions avec les médecins, pharmaciens, orthopédistes, etc..., de faire des rapports sanitaires aux commissaires, d'organiser des mesures de propagande en faveur de l'hygiène, etc... Depuis la guerre, le rôle des comités d'assurance a beaucoup diminué au profit des comités médicaux. En effet, la charge de soigner les assurés, au lieu d'être réservée à des médecins agréés par les comités d'assurance régionaux, peut désormais être exercée par n'importe quel médecin, de sorte que les questions d'honoraires et les autres questions relatives aux soins médicaux sont traitées directement entre l'Etat et les associations médicales, ainsi qu'on le verra plus loin.

d) Sociétés agréées. — Les sociétés chargées en Angleterre de gérer l'assurance, sont des sociétés privées. Elles doivent être agréées par les commissaires, mais il leur suffit, pour être agréées, de ne pas poursuivre de but lucratif et de garantir aux assurés le contrôle de la gestion. Ces sociétés agréées sont très différentes des caisses-maladie qui fonctionnent en Allemagne :

1° Ce sont des caisses privées, tandis que les caisses-maladie allemandes sont des caisses de droit public;

2° Elles fonctionnent sans intervention des patrons; ceux-ci versent des cotisations, mais ne participent pas à la gestion. Cette disposition, qui paraît tout d'abord illogique et défavorable aux patrons, est au contraire avantageuse pour eux, parce qu'elle leur évite, en cas de déficit, d'être rendus pécuniairement responsables;

3° Elles n'ont pas de rapport direct avec les médecins, sauf pour les certificats de maladie; les questions relatives aux soins médicaux relèvent des comités d'assurance, ou même directement de l'Etat.

e) *La poste.* — La poste recueille les ouvriers que les sociétés agréées ont refusé d'assurer, c'est-à-dire les mauvais risques (ouvriers irréguliers, maladifs, etc...); cette catégorie ne représente que 2 % de l'effectif total des assurés.

4° — **Résultats pratiques.**

L'exemple de l'Angleterre prouve que l'on peut organiser une assurance maladie efficace, sur des bases beaucoup plus libérales que celles qui sont préconisées en Allemagne. Le principal avantage que nous lui reconnaissons est d'admettre le concours de l'assurance privée. Par contre les inconvénients de cette assurance paraissent être les suivants :

1° La crise de chômage qui sévit en Angleterre stimule la fraude. D'autre part, même lorsqu'ils ne versent plus de cotisations, de nombreux chômeurs ont encore droit pendant longtemps aux soins médicaux, dont ils bénéficiaient à l'époque où ils travaillaient (lois de 1921 et 1922).

2° Le nombre des caisses agréées est de 7.000, se partageant 12.000.000 de membres.

En principe, chaque caisse doit grouper au moins 5.000 membres, mais ces caisses sont souvent divisées en filiales plus ou moins indépendantes les unes des autres et dont l'effectif varie de 100 membres à plus de 3 millions. Ces caisses sont très disparates, non seulement du point de vue des effectifs, mais aussi du point de vue de leur nature; les unes ont été fondées par les syndicats, d'autres par des sociétés de secours mutuels; d'autre par des compagnies privées d'assurances sur la vie qui ont réussi à tourner ingénieusement la disposition légale, fort contestable d'ailleurs, d'après laquelle les sociétés agréées ne peuvent pas poursuivre de but lucratif.

C'est surtout par l'organisation méthodique des mesures sanitaires que l'assurance-maladie anglaise paraît pouvoir être bienfaisante. Avant la loi de 1911, 6.000.000. de travailleurs étaient déjà assurés contre la maladie auprès d'organisations non officielles, telles que sociétés de secours mutuels, clubs locaux, etc....; les autres pouvaient, en cas de besoin, recourir au service médical gratuit, prévu par la loi sur les pauvres. A l'heure actuelle, l'ouvrier anglais recourt d'autant plus volontiers aux médecins d'assurance-maladie, qu'il peut, à la différence de l'assuré allemand, faire lui-même son choix entre tous les médecins qui se sont déclarés prêts à travailler pour l'assurance-maladie; sur 26.000 médecins, 15.000 environ travaillaient pour le compte de l'assurance en janvier 1924. En principe, l'ouvrier peut, quand il veut et sans aucune formalité, présenter sa carte d'assuré à n'importe lequel de ces médecins et le prier de le soigner. Ce système réduit considérablement les occasions de plaintes contre les médecins puisque si l'assuré n'est pas satisfait des soins qu'il reçoit, il lui suffit de s'adresser à un autre médecin « tout comme un duc ou comme un millionnaire[1] ». Le régime anglais des soins médicaux donne également satisfaction aux médecins; ceux-ci ont affaire, non pas comme en Allemagne aux caisses-maladie, mais aux comités d'assurance et surtout à l'Etat lui-même. Aussi, les questions d'honoraires n'ont-elles jamais provoqué en Angleterre des conflits aussi violents qu'en Allemagne. A la fin de 1923, le Gouvernement a pu obtenir que le tarif des honoraires, fixé en 1920 à 11 s. par assuré et par an, fût ramené à 9 s. Chaque médecin de l'assurance compte parmi sa clientèle une moyenne approximative de 1.000 assurés; on estime que le médecin voit environ 12 assurés par jour, à raison de 300 jours de travail par an; les médecins anglais apprécient l'avantage de toucher avec certitude des honoraires pour leur clientèle ouvrière au lieu de voir, comme autrefois, leurs notes rester longtemps en souffrance.

Malheureusement, la souplesse même de l'organisation anglaise des soins médicaux contribue, presque autant que le chômage, à multiplier les fraudes. On estime que 60 % des assurés reçoivent des soins chaque année et que ces soins ressortent à près de quatre interventions par an sur la base de l'effectif total des assurés.

III. Assurance-chômage.

L'assurance-chômage a été organisée en Angleterre avec effet du 15 juillet 1912, par la seconde partie de la loi du 16 décembre 1911 dont il a été question plus haut. Mais la loi du 11 décembre 1911 ne concernait que 7 groupes d'industries et n'intéressait que 2 millions et demi d'ouvriers sur 18 millions de salariés. Elle ne s'appliquait pas aux mines.

1. *Revue Internationale du Travail*, année 1925, p. 679.

La loi du 16 décembre 1911 a été refondue le 20 août 1920, avec effet du 8 novembre 1920. La loi de 1920 étend le bénéfice de l'assurance à 12 millions d'ouvriers, parmi lesquels on compte, notamment, les ouvriers mineurs âgés de plus de 16 ans et les employés de mines gagnant moins de 250 livres (25.000 fr. par an). A peine entrée en vigueur, la loi de 1920 a dû être adaptée à la crise économique; elle a été modifiée 12 fois au cours des quatre années 1921-1924[1].

Le régime anglais de l'assurance-chômage repose sur un double compromis :

1° Compromis entre la monopolisation de l'assurance par l'Etat et le désir des syndicats de continuer dans une certaine mesure à gérer les caisses d'assurance;

2° Compromis entre le système général et unique d'assurance (englobant toute la population ouvrière et répartissant d'une façon uniforme les risques entre les diverses industries assurées) et les systèmes spéciaux par industries (permettant de proportionner le taux des cotisations et des indemnités aux risques propres à chacune d'elles).

1° **Cotisations.** — La loi du 12 avril 1922, qui paraît être encore en vigueur, a fixé à 10, 9 et 6, 3/4 p. par semaine, la contribution respective des employeurs, des assurés et de l'Etat. Ces tarifs sont toutefois plus faibles s'il s'agit de femmes ou de jeunes gens.

2° **Prestations.** — Les prestations de chômage sont de deux sortes : prestations normales et prestations extraordinaires.

a) *Prestations normales.* — Après un délai d'attente de trois jours et pendant une période qui ne peut dépasser 41

1. Le Bureau International du Travail (série législative, année 1920, G. B. 3; année 1921, G. B. 1 et 2; année 1922, G. B. 1) a publié la traduction française de quatre lois anglaises relatives à l'assurance-chômage : lois des 20 août 1920, 3 mars 1921 1er juillet 1921 et 12 avril 1922.

semaines par an, le chômeur qui, à des intervalles n'atteignant pas un an, a payé au moins 12 cotisations hebdomadaires touche :

1° allocation principale : 18 s. par semaine

2° Supplément pour charge de famille : 5 s. pour sa femme ou la compagne dont il a la charge; 1 s. pour chaque enfant de moins de 14 ans.

b) **Prestations extraordinaires.** — Cette seconde série de prestations a été instituée en raison de la crise économique. Les tarifs des allocations extraordinaires et les conditions d'attribution sont les mêmes pour les prestations extraordinaires que pour les prestations normales; on exige toutefois, au lieu de 12 cotisations hebdomadaires, 20 semaines de travail depuis 1920.

3° **Fonctionnement.** — Le paiement des cotisations s'effectue par l'apposition de timbres spéciaux sur des livrets établis par les offices publics de placement. Le patron est responsable de l'apposition des timbres, et il a le droit de retenir sur le salaire de l'ouvrier la cotisation de ce dernier.

L'ensemble des assurés constitue une communauté de risques et toutes les ressources de l'assurance vont alimenter un fonds général unique qui est géré par l'Etat.

Les indemnités sont en principe versées par les offices de placement. Toutefois, 139 syndicats[1] ont conclu avec le Ministère du Travail des accords leur permettant de se substituer aux offices publics de placement pour le versement des indemnités à condition que le syndicat possède un service de placement bien organisé et qu'il accorde une indemnité

1. Les syndicats d'ouvriers mineurs font-ils partie de ces 139 syndicats ?.

supplémentaire égale au moins au tiers de l'indemnité légale (cette seconde condition est formulée dans l'espoir que le syndicat, obligé de verser, sur ses propres ressources, une contribution, ménagera davantage les deniers de l'assurance).

L'indemnité n'est versée par l'office public de placement ou par le syndicat que sur décision d'un fonctionnaire local spécialement chargé de l'assurance-chômage et appelé fonctionnaire de l'assurance. En cas de refus, la décision est susceptible d'appel devant une Cour d'arbitrage qui se compose d'un président neutre nommé par le ministre, d'un employeur et d'un assuré pris par roulement sur des listes établies par le ministre; ces listes sont établies sur la proposition des comités paritaires institués en 1917 auprès des offices publics de placement. La sentence de la Cour peut elle-même être portée dans certains cas devant un arbitre suprême nommé par la Couronne.

4° **Résultats pratiques.** — Le calcul actuariel qui avait servi de base à la loi de 1920 avait été établi sur un pourcentage de chômeurs de 5, 33 %; malheureusement, la mise en vigueur de la loi de 1920 a coïncidé avec une crise économique d'une extrême gravité et, dès juillet 1921, malgré une augmentation considérable des taux de cotisations, les réserves étaient épuisées et le fonds d'assurance chômage dut emprunter 17 millions de livres au Trésor. Les adversaires de l'assurance-chômage, en ont conclu que cette assurance n'était plus pratiquée que de nom en Angleterre, qu'elle a fait place à une véritable assistance et qu'on peut même considérer cette expérience comme décisive. En réalité, dès juillet 1923, les ressources ordinaires du fonds d'assurance-chômage lui permettaient de couvrir les dépenses courantes et de commencer l'amortissement de ses dettes. Le ministère du Travail anglais estimait à cette date que l'équilibre financier du système n'était pas compromis et qu'avec le taux élevé des cotisations en vigueur, ,le fonds pourrait rembourser toutes ses dettes dans l'espace d'un cycle économique...!

IV. — Assurance-accidents.

La loi Campbell, de 1846, plaçait les ouvriers victimes d'un accident du travail dans une situation moins favorable que celle d'une personne étrangère à l'accident du travail; elle partait de ce principe que, par le contrat de travail, l'ouvrier avait implicitement prévu, accepté et pris à sa charge tous lès risques du travail et, à moins de prouver la faute lourde du patron, n'avait droit à aucune indemnité. La loi du 6 août 1897, modifiée à plusieurs reprises et notamment par la loi du 20 décembre 1906 et du 16 novembre 1923[1], reconna t au contraire à l'ouvrier le droit à réparation, sauf s'il y a faute lourde de l'ouvrier et si, en outre, l'accident n'a entraîné qu'une incapacité de travail légère et temporaire.

Sont assimilées aux accidents de travail une trentaine de maladies professionnelles. En 1922, sur 392.912 cas indemnisés conformément à la loi de 1906, 13.322 (3 %) étaient des maladies professionnelles; 95 % d'entre elles (12.585 sur 13.322) concernaient des mineurs; il s'agissait d'ankylostomiase, de main morte, de genou mort, de coude mort et surtout de nystagmus; ce dernier, groupait 9.155 cas (68 % du total).

Sont protégés par la loi, outre les ouvriers, les employés dont le traitement annuel ne dépasse pas 350 £ (43.750 fr.)

1. Le Bureau International du Travail (série législative, année 1921, 2° série G. B. 2, et année 1923, G. B. 2) a publié la traduction française des lois des 21 décembre 1906 et 16 novembre 1923 ainsi que d'un certain nombre de règlements.

1° **Prestations.** — A) *Cas d'incapacité de travail totale ou partielle.*

Le travailleur a droit à une indemnité hebdomadaire qui ne peut pas excéder 50 % du salaire moyen hebdomadaire des 12 mois précédents, ni 30 s. (187 fr.) Lorsque l'indemnité hebdomadaire a été payée pendant 6 mois au moins, elle peut être rachetée par l'employeur; s'il s'agit d'une incapacité permanente, la somme de rachat est égale au capital d'une rente viagère représentant 75 % de 52 indemnités hebdomadaires; sinon, elle est fixée par arbitrage.

La loi est muette sur les frais médicaux et pharmaceutiques.

B) Cas de décès. — Le patron rembourse les frais médicaux et funéraires. En outre, si le travailleur avait à sa charge certains de ses parents (femme, père, mère, fils, frère, etc..), ceux-ci ont droit à un capital égal au total des salaires touchés par le travailleur pendant les 3 dernières années sans pouvoir être inférieur à 200 £ (25.000 fr.) ni supérieur à 300 £ (37.500 fr.); à ce capital s'ajoutent des suppléments pour chaque enfant de moins de 15 ans, sans que le total puisse être supérieur à 600 £ (75.000 fr.)

C) Dispositions communes. — Le régime qui vient d'être défini n'est pas obligatoire; en effet :

1° Si le travailleur ou l'ayant droit ne notifie pas l'accident au patron dans le plus bref délai et ne demande pas réparation dans les 6 mois, il est forclos.

2° L'intervention de la justice, qui est obligatoire en France pour tous les accidents du travail à la suite desquels on peut prévoir une diminution permanente de l'incapacité professionnelle, est facultative en Angleterre; aussi dans la majorité des cas (93 % en 1922), l'indemnité est-elle fixée à l'amiable L'indemnité fixée à l'amiable est souvent très différente de l'indemnité fixée par la loi.

3° Moyennant certificat délivré après enquête par le service de contrôle des sociétés de secours mutuels, l'employeur peut instituer un système spécial de réparation et passer avec chacun de ses salariés un contrat portant que les dispositions de ce système se substituent à celles de la loi.

2. **Fonctionnement.** — Dans les exploitations minières, l'ouvrier victime d'un accident du travail ou son représentant est tenu de faire une déclaration au patron ou au contremaître; le patron doit tenir à la disposition de ses ouvriers un registre destiné à recevoir ces déclarations; il doit lui-même notifier l'accident à l'inspecteur du travail du district.

L'ouvrier qui a fait une déclaration d'accident doit, s'il en est requis par l'employeur, se laisser examiner par un médecin désigné et payé par l'employeur.

En cas de mort, l'indemnité est versée au tribunal de comté, qui jouit d'un pouvoir à peu près discrétionnaire pour employer la somme au mieux des intérêts de la victime. En cas d'invalidité, l'indemnité hebdomadaire est versée au salarié; celui-ci est tenu, s'il en est requis par l'employeur, de se laisser examiner de temps en temps par un médecin désigné et payé par l'employeur.

Il peut arriver que la victime et l'employeur soient en désaccord. Les questions relatives au champ d'application de la loi, au montant de la réparation due, au degré d'incapacité, etc.., doivent être tranchées par voie d'arbitrage; les autres questions relèvent des tribunaux ordinaires. Les décisions arbitrales doivent elles-mêmes être enregistrées par le greffier du tribunal pour avoir l'effet d'un jugement; le greffier peut refuser de les enregistrer et déférer l'affaire au tribunal pour cause de fraude, pression déloyale, etc.. Il peut arriver aussi que l'employeur soit insolvable; en ce cas, le créancier de l'indemnité est protégé en Allemagne par l'assurance des accidents obligatoire, et recueilli en France par le fonds de garantie. Il n'en est pas de même en Angleterre; l'assurance y est facultative et il n'existe pas de fonds de garantie. Toutefois, si, après enquête, à la demande des employeurs ou des ouvriers d'une industrie où peuvent être contractées des maladies professionnelles sujettes à réparation, il apparaît que la majorité des employeurs sont assurés à une compagnie d'assurances déterminée, le ministre peut rendre l'assurance à cette compagnie obligatoire pour tous les employeurs de l'industrie en question.

Si l'employeur n'est pas assuré, la seule garantie dont jouisse le créancier de l'indemnité est un privilège sur les biens en cas de faillite.

Conclusion. — Le régime anglais de l'assurance contre les accidents du travail comme de la maladie est caractérisé par l'extrême respect de la liberté individuelle qui imprègne ces institutions. Le patron anglais est libre de s'assurer ou non contre les accidents, l'ouvrier est libre de disposer du capital, et non de la rente, qui constitue l'indemnité; les intéressés sont libres de saisir la justice ou non, l'assurance privée est libre de se mettre au service de ces institutions.

Les résultats pratiques de ces formules de liberté sont excellents. En particulier dans le domaine de la prévention on comprend fort bien que le capitaliste qui a mis ses fonds au service de l'assurance a un intérêt plus grand à stimuler la préventions des accidents et des moyens bien plus forts pour la réaliser que le fonctionnaire qui, dans d'autres pays, est seul appelé à gérer l'assurance.

L'ASSURANCE SOCIALE AUX ÉTATS-UNIS

« *Le progrès de l'assurance populaire aux Etats-Unis d'Amérique pendant le quart du siècle qui vient de s'écouler est un évènement remarquable dans l'histoire sociale et économique de la nation américaine.* » (Hoffmann, *Rapport sur l'assurance populaire aux Etats-Unis*, présenté au 8e Congrès International d'Actuaires de Londres, 1927.)

Les Etas-Unis ignorent les formes obligatoires de l'assurance sociale, mais chez eux l'assurance privée a atteint un développement considérable. Les moyens pour l'assurance de toucher les classes populaires ont été l'assurance populaire que l'on désigne en anglais sous le vocable industrial insurance et l'assurance de groupe.

M. Hoffmann, actuaire de la compagnie d'assurances sur la vie la « Prudential », nous fournit sur l'assurance populaire des renseignements que l'on peut résumer ainsi.

On sait que l'assurance populaire est une assurance en cas de décès, à primes mensuelles ou hebdomadaires, acceptée en général sans examen médical jusqu'à un certain capital.

Le nombre total des polices populaires aux Etas-Unis à la fin du 1925 était presque de 74.000.000. Le montant moyen du capital assuré a passé de 20 dollars en 1900 à 105 dollars en 1925.

De 1900 à 1925, les dépôts dans les caisses d'épargne aux Etats-Unis ont augmenté de 270 %, tandis que le nombre des polices populaires croissait, pendant la même période, de 558 %. Tous les efforts pour établir d'autres systèmes d'assurance qui s'adapteraient aux besoins des salariés ont échoué.

Les compagnies d'assurances populaires ont contribué

essentiellement au relèvement de la santé publique et aux œuvres ayant pour but l'amélioration des conditions d'hygiène. Elles se sont mis en tête des croisades contre la tuberculose, la malaria et le cancer. Elles ont facilité les recherches scientifiques sur la mortalité et la prévention des maladies. La Metropolitan Life a même, ainsi que nous l'indique M. Raymond V. Carpenter (Rapport au VIIIe Congrès d'actuaires) un service infirmier gratuit. Les trois plus grandes compagnies sont d'ailleurs, d'après cet auteur, des compagnies mutuelles, dont la totalité des bénéfices peut être distribuée aux assurés, puisqu'elles n'ont pas d'actionnaires à rémunérer.

L'assurance groupe a pris également un très intéressant développement aux Etats-Unis. M. E. E. Cammack (Hartford, Connecticut), Actuaire de l'Œtna nous apprend dans son rapport au VIIIe Congrès international d'actuaires que « le but de l'assurance-vie par groupe est d'offrir à la classe ouvrière une assurance pour des montants modérés, sans examen médical, moyennant des polices contractées et souscrites par les patrons »

M. William J. Graham, vice-président de l'« Equitable » (New York), signale que la définition de l'assurance groupe a été récemment incorporée dans les lois de l'Etat de New York.

Le développement des affaires d'assurance groupe aux Etats-Unis et au Canada est passé de 13 millions de dollars fin 1912 à 1 milliard 145 millions fin 1919 et à 5 milliards 600 millions en 1926 et couvre environ 4 millions d'intéressés. M. Graham conclut son étude en constatant que l'assurance groupe a largement contribué à l'extension des bons rapports entre capital et travail, entre employeur et salarié.

Le développement de la technique de l'assurance privée donne toute satisfaction aux Etats-Unis, aussi M. Reinhard A. Hohans, actuaire de la Metropolitan, a t-il pu conclure un rapport au VIIIe Congrès d'actuaires de Londres sur l'assurance sociale aux Etats-Unis en ces termes :

« La plupart des progrès récents en assurance sociale (vocable employé dans son sens le plus large) ont été réalisés sous des auspices privés... En raison des diverses formes de gouvernement, de l'état avancé de la jurisprudence sociale et du développement industriel, des théories en vigueur sur l'organisation administrative, enfin du dévelopement technique des compagnies privées d'assurances sur la vie, tout semble indiquer jusqu'ici que l'assurance sociale peut être pratiquée le plus efficacement aux Etats-Unis par les organes de l'assurance privée ».

L'exemple des Etats-Unis montre à quel point l'assurance privée peut, quand on lui fait confiance, être bienfaisante pour la classe ouvrière dont elle développe le sens de la prévoyance et dont elle élève ainsi le niveau social.

CHAPITRE III

LA CODIFICATION INTERNATIONALE DES ASSURANCES SOCIALES

> « *Ce que réalise l'histoire du droit. c'est la liberté dans la solidarité* »
> (Charles Andler).

Il existe trois méthodes d'unification des relations juridiques entre divers pays.

On peut en effet :

1° Régler les conflits de lois par des dispositions législatives internes ou par un accord international.

2° Unifier les lois par des traités;

3° Rédiger un code général des relations juridiques.

La rédaction d'un code international ne constitue pas, tant qu'elle n'est accompagnée d'aucune sanction, une véritable unification du droit. Elle la prépare seulement dans l'opinion.

Dans le domaine des relations privées, on a reconnu l'intérêt de cette troisième méthode aux conférences panaméricaines de 1906, 1912 et 1923 et c'est dans cet esprit que M. de Bustamante, professeur à l'Université de La Havane, a publié un projet de code de Droit international privé.

En ce qui concerne la législation du travail, le Bureau International du Travail utilise concurremment les trois méthodes.

Il a, en effet employé la première avec un très réel succès, en faisant aboutir la convention relative à l'égalité de traitement des travailleurs étrangers et nationaux en matière d'accidents du travail.

Cetteconvention a déjà fait l'objet denombreusesratifications. Elle a un rôle juridique et une répercussion sociale tellement importants que nous croyons utile de lui consacrer un chapitre de cette étude. Par l'étendue de ses bienfaits, elle justifierait à elle seule la création du Bureau International du Travail.

La deuxième méthode, celle de l'unification des lois par des traités, est systématiquement utilisée par le Bureau International du Travail.

On connaît le mécanisme des dispositions techniques qui permettent de provoquer la ratification des conventions et règlent leurs conditions d'entrée en vigueur et de dénonciation. L'essentiel de ces dispositions est rappelé dans les « clauses de style » des diverses conventions, reproduites en annexe de cet ouvrage et modifiées d'ailleurs pour l'avenir, au cours de la onzième session, sur la proposition de M. Oersted. Cette deuxième méthode peut être très féconde, mais elle demande à être préparée par toute une série de mesures qui ne sont en somme que des phases préparatoires à l'élaboration d'un code international des assurances sociales.

Comment en effet, peut-on arriver à utiliser pratiquement la troisième méthode ? Il convient tout d'abord de faire une étude très complète et très détaillée du droit de chaque nation. Cela a été une des premières tâches du Bureau International du Travail et on ne saurait trop louer la conscience et la probité avec lesquelles il est procédé à cette tâche vraiment ingrate.

La première esquisse d'un code général s'obtient ensuite en rapprochant les dispositions analogues des diverses législations. Les prescriptions contradictoires ou divergentes sont en même temps notées avec soin, et c'est à leur sujet qu'il convient d'employer l'une des deux premières méthodes

Au fur et à mesure des progrès obtenus et des unifications adoptées, le code général s'augmente d'articles qui ne sont plus universels comme ceux de la première catégorie, mais dont l'application est limitée à un certaine nombre de pays énumérés. Ces articles ne sont-ils pas représentés par les diverses conventions et recommandations du B. I. T. ? Leur ensemble, avec l'état des ratifications, constitue bien le « Code international de l'assurance sociale ». C'est sous ce titre que nous les publions en annexe à cet ouvrage.

CHAPITRE IV

LES PRINCIPES DE L'ASSURANCE

> « *Tout groupement en mutualité ne saurait constituer à lui seul une assurance, il doit pour cela obéir à certaines règles essentielles... calcul des probabilités, loi des grands nombres, sélection et division des risques, tels sont les principes d'une saine assurance.* » (Sumien, *Traité théorique et pratique des assurances terrestres et de la réassurance*, pp. 11 et 12.)

Existe-t-il des règles propres à l'assurance sociale ou plutôt des différences fondamentales entre l'assurance publique obligatoire et l'assurance privée ?

Avant de répondre à cette question, il convient évidemment de savoir si l'obligation est une nécessité. On croit démontrer cette nécessité en affirmant que l'assurance sociale est tenue d'accepter sans discrimination les bons et les mauvais risques. Certains auteurs professent en effet que l'assurance sociale a pour caractéristique d'étendre un tarif uniforme à toute la collectivité ouvrière. Il n'y a pourtant pas en général impossibilité absolue à prendre tous les renseignements servant à définir la valeur du risque assuré. Sans en évaluer les éléments individuels, on peut très bien avoir une idée du risque de toute une série de groupes, et de nombreux types d'assurance publique obligatoire savent fort bien faire refluer d'un groupe à l'autre les risques tarés et leur imposer ainsi une surprime.

L'obligation ne nous paraît pas une nécessité technique de l'assurance ouvrière, puisqu'aux Etats-Unis l'assurance ouvrière est confiée aux organes d'assurance privée qui l'organisent avec succès sans la sanction de l'obligation.

Il faut cependant reconnaître que l'obligation de s'assurer à certains organes d'ordinaire gérés par l'Etat facilite bien leur tâche. L'Etat est en effet souvent incapable d'organiser une institution d'assurance viable et surtout de provoquer son essor, en dépit de la concurrence de l'assurance privée, sans la faire jouir de privilèges fiscaux ou d'un monopole.

Mais si, allant plus loin, on assure que toute institution d'assurance sociale doit être basée sur un système d'affiliation obligatoire, nous devons protester au nom des principes mêmes de l'assurance.

Il faut avoir en effet le courage de le reconnaître, il y a des risques que le développement actuel de l'assurance, tant au point de vue pratique qu'au point de vue scientifique, ne permet pas d'assurer. Même dans le domaine de l'assurance sociale, il faut savoir les écarter.

L'obligation est contradictoire avec le principe de sélection des risques, qui est un élément vital de l'assurance. Assurer coûte que coûte les mauvais risques à la suite d'une contrainte légale est une erreur, une maladresse et une injustice.

C'est une erreur pour l'institution d'assurance qui ne peut demander à l'assuré une surprime correspondant au risque qu'il représente et qui engage ainsi sa responsabilité au nom d'une solidarité collective qui n'est pas encore entrée dans les mœurs.

C'est une maladresse qui encourage l'ensemble des assurés à réagir contre les abus par la fraude, le principal fléau de l'assurance sociale, par la fuite vers des organes d'assurance privée plus adroits, ceux-ci pourront en effet accorder les mêmes prestations à un taux moins élevé en sélectionnant les risques qu'ils acceptent.

C'est une mauvaise action vis-à-vis des autres assurés à qui l'on impose des charges injustes. L'obligation, dans la mesure où elle interdit la sélection des risques, est une des principales erreurs de l'assurance sociale.

Cette question préliminaire élucidée, nous pouvons examiner s'il existe des différences fondamentales entre l'assurance sociale et l'assurance privée? Nous ne croyons pas qu'il y en ait. Il n'existe, en effet, qu'une science de l'assurance dont les principes sont d'ordinaire bien mieux respectés dans les organes, dont les bénéfices sont acquis ou les pertes supportées par des personnes privées (actionnaires ou mutualité d'assurés) que dans ceux dont les déficits sont comblés par l'Etat. L'assurance sociale nous paraît être, lorsqu'elle diffère sensiblement de l'assurance privée et même lorsqu'elle n'admet pas l'assurance privée à coopérer à son œuvre, une institution officielle d'imprévoyance ou d'arbitraire. L'obligation d'inscription, qui, dans l'assurance sociale, confère la vie à des organes que la doctrine ne considère pas comme viables, ne justifie pas leurs procédés.

On fait valoir bien souvent que l'obligation permet l'extension de la solidarité non seulement dans l'espace mais dans le temps. Cette raison est selon nous sans valeur. Si une institution est basée sur les principes sains de l'assurance tels qu'ils sont sauvegardés par les instituts nationaux d'actuaires, elle est sûre que sa durée lui permettra d'étendre le bienfait de l'assurance dans le temps comme dans l'espace. Au rebours de l'assurance sociale qui rejette les charges sur l'avenir, elle fera bénéficier les jeunes générations des réserves accumulées par les générations passées, et cela nous paraît être mieux ainsi.

On peut cependant encore se demander s'il n'y a pas des règles propres à cette assurance publique obligatoire, qui prétend au monopole de l'assurance sociale. Certains auteurs en aperçoivent deux : l'organisation d'une garantie absolue par un échelonnement de responsabilités depuis l'établissement assureur jusqu'à un fonds général de garantie, et la nécessité de tenir compte des éléments psychologiques.

Examinons successivement ces deux règles :

1° L'assurance sociale doit constituer une garantie absolue grâce à l'échelonnement des responsabilités. Cette règle, qui est formulée dans « Les Problèmes généraux de l'Assurance sociale » que le Bureau International du Travail a publié en 1915 dans la série M 1, est accompagnée du commentaire suivant :

« Il s'agit en somme d'imaginer un dispositif financier jouant dans l'assurance sociale un rôle analogue à celui que joue la réassurance dans l'assurance privée ». Pourquoi donc ne pas recourir tout simplement à la réassurance ? C'est que celle-ci par essence est internationale, tandis que l'assurance publique franchit difficilement les frontières. Ne serait-il pas alors plus simple de laisser l'assurance privée assumer ces risques et pourvoir à la réassurance. Seuls, en effet, de puissants consortiums internationaux peuvent reculer les limites des risques assurables. Nous n'en voulons pour preuve que l'assurance des risques aggravés dans le domaine de l'assurance sur la vie.

2° L'assurance sociale doit tenir compte des éléments psychologiques.

L'auteur des « Problèmes généraux de l'Assurance sociale » reconnaît avec raison que l'organe public, auquel nulle concurrence ne confère un élément moteur ou un frein, doit avoir une fenêtre ouverte sur les besoins des assurés. Puisqu'il assure à un prix moyen des risques très inégaux, il convient qu'il établisse ce prix avec beaucoup de soin.

Au lieu de recommander des statistiques précises et des comptes scrupuleux, l'auteur constate que cette idée de l'inégalité des charges de l'assurance a fait de tels progrès en assurance sociale que « chaque assuré a son opinion personnelle sur l'étendue du risque qu'il court et sur le prix auquel il lui semble juste de payer les avantages promis ». Ce prix n'a naturellement rien à voir avec le « juste prix » nécessaire à l'équilibre du système. Ainsi, dans l'assurance sociale, le rôle de l'actuaire serait de dire à l'ouvrier : « Pour avoir une retraite de 40 % de votre salaire, que croyez-vous juste de payer ? J'arrangerai mes calculs en conséquence. »

Dans l'assurance privée, l'actuaire dit au contraire : « Un versement annuel de 1 fr. par exemple commencé à 16 ans permet d'acquérir à 60 ans une rente annuelle viagère de 24 fr., commencé à 40 ans, il ne permettrait d'acquérir qu'une rente annuelle viagère de 4 fr. »

Muni de ces barèmes, l'agent, dont on méconnaît trop le rôle, va dire à l'ouvrier : « Si vous voulez une retraire de 4.000 fr., il faut verser 1.000 fr. par an à partir de 40 ans ».

La vérité n'est-elle pas dans les procédés de l'assurance privée ?

Il faut le reconnaître. L'assurance obligatoire à un organe dépendant plus ou moins directement de l'Etat est une erreur et le développement international de l'assurance sociale ne sera jamais assuré de façon durable que par l'entremise des institutions issues de l'initiative privée, même si elles poursuivent un but lucratif.

Le remède aux principaux fléaux sociaux : le chômage, l'accident, la maladie, l'invalidité, la vieillesse, la maternité, la fécondité, la mort prématurée, doit être cherché dans l'assurance.

Mais il ne suffit pas au législateur de déclarer l'assurance obligatoire pour résoudre les difficultés techniques de ces divers problèmes.

Le principal problème est en effet d'établir le « juste prix » de la prévention des risques assurables en se résignant à laisser de côté certains risques trop mauvais ou trop mal connus. Ce « juste prix » étant établi, il faut le faire accepter comme le « prix juste » et l'imposer à la bonne volonté des collectivités intéressées.

Ce stade franchi, il reste à reculer la limite du risque inassurable, sans sacrifice trop élevé de la part de l'Etat, en cherchant à créer des consortiums de plus en plus puissants qui puissent réassurer de tels risques.

Ces étapes ne peuvent être franchies sans le concours de l'assurance privée.

C'est elle qui, par l'activité de ses agents, intéresse la collectivité à la garantie de certains risques.

C'est la concurrence qu'exercent entre elles les diverses compagnies d'assurance qui établit, selon les lois économiques de l'offre et de la demande, le juste prix.

Seul l'appât d'un gain licite peut justifier les essais, les mises au point, les avances de capitaux qui sont nécessaires pour le développement technique de l'entreprise. Si l'on abandonne ces principes et si l'on fonde, par la seule volonté du législateur, des groupes artificiels d'assurés, on ne risque que de rétrograder, ou d'instituer, aux frais de l'Etat, de coûteuses expériences d'assistance généralisée ou de socialisation hâtive.

Supprimer les organes préexistants d'assurance privée pour y substituer des institutions d'Etat, ne pas considérer l'assurance privée comme l'organe de base de la prévention des risques sociaux, c'est, à notre avis, l'erreur fondamentale de l'assurance sociale.

Nous voudrions pouvoir affirmer que l'Etat-Major qui au B. I. T. coordonne les recherches des jeunes employés chargés d'analyser la législation sociale seconde l'œuvre des clercs qui, dans les ouvrages doctrinaux, réagissent contre ces erreurs. Nous devons malheureusement reconnaître que, tout en revendiquant pour les assurés la gestion de l'assurance sociale, les fonctionnaires du B. I. T. préparent dans bien des cas des solutions étatistes, sinon socialistes.

Nous ne sommes d'ailleurs pas les seuls à être de cet avis. Le *Temps* écrivait le 26 avril 1930 à l'occasion du 10e anniversaire du B. I. T.

« Profitant de l'accueil nouveau qui lui était fait, M. Albert Thomas a « en toute discrétion mais en toute sincérité », mentionné « ce que l'organisation internationale du travail devait à l'expérience et à la méthode de l'Allemagne dans le domaine de la politique sociale » c'est tout l'étatisme mâtiné de socialisme qui se voit bel et bien évoqué.

Nulle illusion n'est possible. Dans les enquêtes, d'ailleurs si remarquables, menées par le B. I. T., une direction constante s'accuse. Sous couleur de renseignements précis et d'informations inédites sur la vie économique et sociale dans le monde, la préparation se sent à des interventions dont la liberté fera tous les frais ».

CHAPITRE V

L'ASSURANCE CONTRE LES ACCIDENTS DU TRAVAIL

> « *La Compagnie à prime fixe joue un role important en tant qu'assureur contre les accidents du travail.* » (*Les Problèmes généraux de l'assurance sociale.*)

Les conventions élaborées par le Bureau International du Travail ont trait à trois risques principaux : les accidents du travail, la maladie et le chômage.

Les risques d'invalidité et de vieillesse font l'objet d'études préparatoires à un examen par la Conférence Générale. Jusqu'ici ces travaux ne semblent pas avoir été poussés assez loin pour permettre la proposition d'une convention relative aux pensions d'invalidité et de vieillesse. Nous examinerons tout d'abord l'assurance contre les accidents du travail.

« La production exposant le travailleur à certains risques, c'est à celui qui recueille le profit de cette production, c'est-à-dire au patron, que doit incomber l'obligation d'indemniser la victime en cas de réalisation du risque, abstraction faite du point de savoir s'il a commis une faute susceptible d'engager sa responsabilité ».

Tels sont les termes dans lesquels M. Pic dans son « Traité de législation industrielle » (p. 86, 8e édit. Roussseau, Paris) définit la théorie du risque professionnel.

Cette théorie s'est édifiée au cours du XIXe siècle.

Les conditions de travail dans l'industrie devinrent alors telles que de nombreux accidents du travail durent être attribués aux dangers inhérents à l'entreprise, puisqu'aucune faute ne pouvait être relevée ni contre le patron ni contre l'ouvrier. L'article 1382 du Code civil n'assurait plus alors la réparation du préjudice, puisqu'il établit seulement la responsabilité des fautes commises.

« Tout fait quelconque de l'homme qui cause à autrui un dommage, oblige celui par la faute duquel il est arrivé à le réparer ».

L'impossibilité de trouver un responsable, l'incapacité de la victime de supporter même les conséquences des accidents survenus par sa faute amenèrent de nombreux pays à adopter ce régime exceptionnel, partageant forfaitairement les conséquences financières de tous les accidents, quelle qu'en fut la cause, entre l'ouvrier et l'employeur. D'après cette théorie, l'indemnisation peut rester incomplète. Une évolution semble se dessiner depuis un certain nombre d'années vers un régime plus favorable à l'ouvrier. Une assurance obligatoire est constituée aux seuls frais de l'employeur à la charge duquel la jurisprudence tend à appliquer une présomption légale de faute, tout en revenant aux principes de responsabilité de droit commun. Dès lors l'indemnisation ne saurait être incomplète, la réparation du dommage tend à devenir intégrale. Ainsi la législation belge accorde aux survivants de l'ouvrier tué lors d'un accident du travail une rente dont la valeur dépend de l'âge de la victime et des salaires qu'il aurait pu gagner jusqu'à la fin de sa vie. De même l'Allemagne a plusieurs fois modifié le taux des rentes d'accidents pour tenir compte non pas du salaire gagné au moment de l'accident, mais de celui auquel l'accident empêche la victime de prétendre. Ainsi l'apprenti blessé aura droit à une rente calculée d'après le salaire plein de l'ouvrier adulte. Ces légères divergences n'empêchent pas toute une série de législations de pouvoir se réclamer du principe du risque professionnel. Etant donné que l'assurance obligatoire conduit à une importante déformation de ce principe, il paraît utile de classer les divers pays selon le mode de réparation adopté.

Nous avons noté dans le tableau suivant les dates principales de l'introduction du risque professionnel et de l'assurance obligatoire dans les diverses législations.

Date des Lois	Risque professionnel	Assurance obligatoire
6 juillet 1884		Allemagne, salariés de l'industrie.
21 mai 1885		Allemagne, salariés de l'agriculture.
13 juillet 1887		Allemagne, marins.
28 décembre 1887		Autriche, salariés de l'industrie.
23 juillet 1894		Norvège, salariés de l'industrie.
5 décembre 1895		Finlande, salariés de l'industrie.
6 août 1897	Grande-Bretagne, salariés de professions industrielles dangereuses.	
7 janvier 1898		Danemark, salariés de l'industrie.
7 mars 1898		Italie, salariés de l'industrie.
9 avril 1898	France, salariés de l'industrie et marins.	
30 janvier 1900	Espagne, salariés de l'industrie.	
1900		Danemark, pêcheurs.
2 janvier 1901		Pays-Bas, salariés de l'industrie.
21 février 1901	Grèce, mineurs.	
5 juillet 1901	Suède, salariés de l'industrie.	

10-23 janvier 1902		Finlande, marins.
5 avril 1902		Luxembourg, salariés de l'industrie.
21 juin 1902	Canada.	
2-15 juin 1903	Russie, salariés de l'industrie.	
29 juin 1903		Italie, salariés de l'ind.
23 décembre 1904		Luxembourg, salariés du commerce.
1er avril 1905		Danemark, marins.
12 avril 1906	France, salariés du commerce.	
6 avril 1907		Hongrie, industrie et commerce.
6-19 juillet 1907	Grèce, marins.	
27 mai 1908		Danemark, salariés de l'agriculture.
30 juin 1908		Norvège, salariés des forêts et canaux.
8 août 1908		Norvège, pêcheurs.
1908	Nouvelle - Zélande, tous salariés.	
1908	Québec, salariés de l'industrie.	
1908	Terre-Neuve, tous les salariés.	
20 décembre 1909		Luxembourg, salariés de l'agriculture.
1910		Serbie, salariés de l'ind.
20 janvier 1911	Pérou, tous les salariés.	
28 mars 1911	Japon, salariés de l'industrie.	
13 juin 1911		Suisse, salariés de l'ind.
18 août 1911		Norvège, marins.
14 décembre 1911	Australie, comm. et industrie.	
18 décembre 1911	Australie, Commonwealth marins.	
1911	Saskatchewan, salariés de l'industrie.	
1er mai 1911	San Salvador, salariés de l'industrie.	
15 janvier 1912		Roumanie, salariés de l'industrie.
24 décembre 1912	Australie, tous les salariés	

1912		Russie, salariés de l'ind
23 juin 1912	Esthonie et Lettonie, salariés de l'industrie.	
24 décembre 1912	Australie, Commonwealth, salariés de la Confédération.	
24 juillet 1913°		Portugal, salariés de l'industrie.
31 décembre 1914	Grèce, salariés de l'industrie.	
1914		Ontario, salariés ind. et commerce.
1er juillet 1914	Afrique du Sud, salariés ind. et commerce.	
11 octobre 1915	Argentine, salariés de l'industrie.	
1915		Nouvelle-Ecosse, salariés ind. et commerce.
1915		Pays-Bas, marins.
12 juin 1916	Cuba, salariés, ind. com., agriculture.	
1916		Queensland, tous les salariés.
16 novembre 1916	Panama, salariés ind., commerce.	
13 décembre 1916	Nouvelles-Galles du Sud, tous salariés.	
1916	Japon, mineurs.	
1916		Colombie britannique, tous les salariés.
1916		Suède, tous les salariés.
1916		Danemark, tous les salariés.
27 décembre 1916	Chili, salariés de l'industrie.	
1917	Yukon, salariés de l'ind.	
18 août 1917	Finlande, tous salariés et marins.	
1918		Victoria, tous les salar.
1918		Alberta, salariés ind. et commerce.
1918		Nouveau Brunswick, salariés ind. com.
7 avril 1918		Bulgarie, salariés ind., commerce et agricult.
1918	Tasmanie, tous les salar.	
15 janvier 1919	Brésil, salariés de l'ind.	

10 mai 1919		Portugal, salariés com. et agriculture.
1920		Manitoba, salariés ind. commerce.
15 novembre 1920	Uruguay, salariés de l'industrie.	
27 juin 1921		Islande, marins.
30 septembre 1921	Equateur, salariés de l'industrie.	
10 janvier 1922	Espagne, salariés ind. et commerce.	
14 mai 1922		Serbie, tous les salariés.
19 mai 1922		Pays-Bas, salariés de l'agriculture.
15 novembre 1922		Russie, tous les salariés.
15 décembre 1922	France, salariés de l'agriculture.	
5 mars 1923	Inde, salariés de l'ind.	
1923	Chine, salariés des entreprises dangereuses et insalubres.	
17 janvier 1924	Bolivie, salariés de l'ind.	
30 janvier 1924		Pologne, tous les salariés.
8 septembre 1924		Chili, tous les salariés.

Ce tableau n'a pas été établi dans un but purement documentaire. Il a également pour objet de montrer combien de pays avaient déjà, plus ou moins complètement d'ailleurs, réglé la question des accidents du travail avant 1925.

L'Allemagne avait montré le chemin de l'assurance obligatoire, la Grande-Bretagne et la France avaient adopté la voie plus libérale de la responsabilité patronale sans imposer l'assujettissement à tel ou tel mode d'assurance.

Les nations qui ont adopté le principe du risque professionnel ont en général admis la collaboration de l'assurance privée dans la lutte contre les conséquences fâcheuses des accidents du travail.

Il en résulte que le Bureau International du Travail, qui a évidemment dû modeler sa codification sur les diverses législations existantes, a admis la compagnie à prime fixe comme organe d'assurance accidents. Car nous lisons dans « les Problèmes généraux de l'assurance sociale » : « La compagnie à prime fixe occupe en effet une place importante dans un grand nombre de pays d'assurance facultative et notamment en Grande-Bretagne, en Irlande et dans ceux des Dominions qui n'ont pas établi le monopole d'assurance, en Amérique centrale et en Amérique du Sud, en France, en Espagne et en Belgique.

« Mais aussi dans un certain nombre de pays d'assurance obligatoire qui laissent à l'employeur le libre choix de l'assureur, comme en Italie et aux Pays-Bas (accidents industriels) en Finlande, en Danemark, au Portugal, au Chili et à Cuba, la compagnie à prime fixe joue un rôle important en tant qu'assureur contre les accidents du travail ».

Le rôle de la mutualité libre est aussi primordial : c'est la société mutuelle à responsabilité limitée, mais qui pratiquement substitue sa responsabilité à celle de l'employeur, c'est aussi le syndicat de garanties à responsabilité théoriquement illimitée. La mutualité a un rôle très important dans tous les pays où elle entre en concurrence avec la compagnie privée et où elle peut jouer le rôle de régulateur du marché de l'assurance bien mieux que ne le pourra faire un organe dépendant de l'Etat.

Le rôle important de l'assurance privée nous explique que le projet de convention concernant la réparation des accidents du travail du 10 juin 1925 ait stipulé ce qui suit, dans son article 11 :

« Les législations nationales contiendront des dispositions qui, tenant compte des conditions particulières de chaque pays, seront le mieux appropriées pour assurer en tout état de cause le paiement de la réparation aux victimes des accidents et à leurs ayants droit et pour les garantir contre l'insolvabilité de l'employeur ou de l'assureur. »

Il est intéressant d'en rapprocher l'article 6 du projet de convention concernant l'assurance maladie des travailleurs de l'industrie, du commerce et des gens de maison du 15 juin 1927. « L'assurance maladie doit être gérée par des institutions autonomes placées sous le contrôle administratif et financier des pouvoirs publics et ne poursuivant aucun but lucratif. Les institutions issues de l'initiative privée doivent faire l'objet d'une reconnaissance spéciale des pouvoirs publics. Les assurés doivent être appelés à participer à la gestion des institutions autonomes d'assurance dans des conditions déterminées par la législation nationale.

Toutefois la gestion de l'assurance maladie peut être assurée directement par l'Etat lorsque et aussi longtemps que la gestion par des institutions autonomes est rendue difficile, ou impossible ou inappropriée en raison des conditions nationales et notamment de l'insuffisance de développement des organisations professionnelles d'employeurs et de travailleurs ».

La Conférence internationale ne s'est pas encore prononcée sur les principes de gestion de l'assurance-pension. Nous essaierons de prouver, lorsque nous traiterons en détail chacun de ces risques, que la solution adoptée pour l'assurance-maladie est mauvaise et qu'elle conduirait à des résultats désastreux si elle devait être étendue aux assurances invalidité et vieillesse.

L'œuvre positive du B. I. T., en ce qui concerne l'assurance-accidents, a consisté principalement à définir les prestations normales de l'assurance. On tend ainsi à une unification des prestations qui paraît certes fort désirable, en ce sens qu'elle rend plus faciles les conventions internationales. Ce désir d'unification est très nettement imposé par les pays les plus avancés qui ont évidemment le plus haut intérêt à ce que les autres pays adoptent aussi vite que possible des dispositions analogues et présentent sur le marché mondial des produits grevés des mêmes charges. Il faut remarquer pourtant que cette unification des charges ne se produira pas toujours par l'unification des prestations qui, d'ailleurs, dépend du progrès de la notion d'assurance dans les divers pays.

Nous ne nous attacherons pas à examiner dans le détail cette unification des prestations. Ce serait une étude intéressante, mais qui nous entraînerait hors du cadre de cette thèse; ce travail d'érudition a d'ailleurs été fait presque complètement et il suffit, pour se rendre compte de la diversité des législations nationales, de feuilleter les très intéressantes études éditées sur ce sujet par le B. I. T.

Nous ne voulons retenir de l'assurance contre les accidents du travail que les systèmes de liberté qui, en dépit de l'obligation à la réparation, permettent dans les nombreux pays que nous avons énumérés, le développement des initiatives privées.

C'est là qu'à notre avis les organismes de prévention du risque, si importants dans l'assurance-accidents, sont susceptibles de fonctionner avec le plus d'efficacité et de sûreté. L'assurance privée suscite, en effet, un intéressé de plus à la prévention des risques, ce n'est plus seulement l'employeur parfois absorbé par d'autres soucis, l'ouvrier malheureusement trop souvent désarmé, l'Etat qui se contente fréquemment de démonstrations de façade, c'est encore le capitaliste actionnaire des compagnies d'assurance, c'est aussi l'assuré administrateur des compagnies mutuelles, qui ont un intérêt palpable et immédiat à provoquer de sérieuses mesures de prévention.

L'organisation des assurances contre les accidents du travail, lorsqu'elle admet le concours de l'assurance privée, est ainsi une des meilleures institutions de progrès social.

CHAPITRE VI

L'ASSURANCE MALADIE

« *En règle générale un ouvrier sur deux dans l'industrie et un sur trois dans l'agriculture sont malades une fois dans l'année et leur maladie dure en moyenne vingt jours...*

En période de décadence économique, l'assurance-maladie devient par la force des choses une assurance-crise. Plus il y a de chômeurs, plus il y a de malades... Dans le domaine de l'assurance-maladie, il n'y a pas de prévision sûre. » (Rapport présenté au Reichstag en 1927 par le Dr Brauns, Ministre du Travail du Reich.)

Nous avons déjà dans le chapitre précédent[1], cité le texte de l'art. 6 du projet de convention de l'assurance-maladie.

Parmi les dispositions excellentes élaborées par le Bureau International du Travail, ce texte nous paraît faire tache. Il nous semble franchement vicieux et nous croyons qu'il aurait bien mieux valu constater que l'assurance-maladie comporte le risque le plus irrégulier, le moins bien connu, et celui qui prête le plus facilement à la fraude. C'est le risque le plus délicat à assurer. Par suite, toute institution qui l'assure conformément à des règles saines doit être respectée, protégée, encouragée, même

1. Voir page 58.

si elle est issue de l'initiative privée, nous irons plus loin même si elle fonctionne dans un but lucratif. L'Etat ne doit en aucun cas, même provisoirement[1], assumer la gestion de l'assurance-maladie. Son rôle principal est de parer, par l'assistance, à la couverture des risques inassurables.

Nous opposons ainsi, complètement, le rôle de l'Etat et celui de l'initiative privée. Contrairement à l'opinion de la majorité des représentants des Etats de la Conférence générale de Genève, nous posons la question de savoir si l'Etat est susceptible de mettre en œuvre l'assurance la plus difficile à organiser. Remarquons que, même en Allemagne, l'Etat qui gère l'assurance-invalidité, ne gère pas l'assurance-maladie. Mais, même si un exemple nous prouvait que cette gestion directe est possible, nous persisterions à la juger défectueuse.

Proudhon a enseigné, dans une formule saisissante, la valeur économique de la sécurité.

« La sécurité est une marchandise qui se paie comme toute autre et comme le tarif de cette marchandise baisse, non pas selon la misère de l'acheteur, mais selon l'importance de la somme qu'il assure, l'assurance se résout en un nouveau privilège pour le riche et une ironie cruelle pour le pauvre. Dans ces conditions, l'Etat nous paraît bien mal qualifié pour fournir au meilleur prix l'assurance maladie, dont le monopole ne s'impose aucunement. Rappelons-nous, en effet, que l'un des principes de l'assurance se formule ainsi :

« Un risque assuré ne doit pas coûter plus cher que

1. Sauf cependant si, comme on a bien voulu nous l'expliquer à Genève, la dérogation à la gestion autonome a été prévue pour empêcher les institutions d'assurance de tomber sous l'emprise communiste.

le même risque non assuré, compte tenu des frais de gestion ».

Les partisans de l'assurance sociale obligatoire contestent que ce principe lui soit applicable. Il est bon, selon eux, pour l'assurance privée, mais n'est pas valable pour l'assurance publique, en raison des services étendus qu'elle rend à l'état de santé général et au rendement économique des classes productrices. Cela revient à dire en somme qu'il est très légitime que les employeurs et les ouvriers paient à l'Etat ou à un système d'assurance obligatoire des cotisations plus élevées que celles qu'ils auraient à payer à un organe d'assurance privée, couvrant, sans monopole, le même risque et rendant de ce fait les mêmes services à la collectivité. Le nouveau principe dit qu'un risque assuré ne doit pas coûter plus cher que le même risque non assuré, à condition qu'on le suppose compensé dans des conditions aussi favorables que lorsqu'il est assuré.

Nous ne pouvons évidemment souscrire à une formule qui sacrifie aussi délibérément les intérêts de la classe ouvrière sur l'autel de l'étatisme.

L'assurance-maladie est par elle-même assez chère. Si elle rend des services à la collectivité il est juste de les mesurer et de les faire rembourser par l'Etat aux organes qui fournissent de telles prestations. Mais cette règle de pure justice ne permet pas d'imposer des charges nouvelles à la production en faveur d'un intérêt général indéterminé .

L'assurance-maladie obligatoire, gérée ou étroitement contrôlée par l'Etat, devient vite un organe dispendieux, parce qu'il prête à toutes les fraudes et parce qu'il tend très facilement à dépasser ses strictes attributions. Cet organisme veut aussi justifier le prix abusif que coûtent ses prestations en arguant des services inappréciables qu'il rend à la collectivité.

Nous croyons qu'il est beaucoup plus sage d'encourager dans un pays l'assurance privée contre la maladie et de développer l'effort collectif par un emploi judicieux d'un budget convenable d'hygiène et d'assistance. Il ne vient à l'idée de personne de mettre uniquement à la charge des travailleurs et des patrons l'entretien de tous les aliénés. Pourquoi leur imposer au nom de la solidarité, celui de tous ceux qui ont pu commencer à travailler, ne fût-ce que quelques jours !

N'est-ce pas Barrès qui a souligné le vide de la notion de solidarité: « On l'a gâté (ce mot de solidarité) en y mettant ce qui, dans le vocabulaire chrétien, est charité. Toute relation entre ouvrier et patron est solidarité. Cette solidarité n'implique nécessairement aucune « humanité » aucune « justice » et par exemple au gros entrepreneur qui a transporté mille ouvriers sur les chantiers de Panama, elle ne commande pas qu'il soigne le terrassier devenu fiévreux : bien au contraire, si celui-ci désencombre par sa mort les hôpitaux de l'isthme, c'est bénéfice pour celui-là ».

La solidarité sans l'amour est en effet un mot vide et une notion vaine. Ce qui fait la supériorité de l'assurance mutuelle sur le régime de la cotisation obligatoire et de la prestation légale, c'est que le premier système suppose un mouvement réfléchi de sympathie dont le deuxième est complètement affranchi. A la suite de Scheler qui dans «Nature et formes de la sympathie», basait toute une philosophie sur la métaphysique du cœur, M. Louis Lavelle développait récemment dans un feuilleton du

Temps (16 mars 1930) une doctrine de la sympathie et de l'amour. Et il était amené à reconnaître l'universalité de l'amour au sens religieux de « l'amour de Dieu et de tous les hommes en Dieu ». C'est la vrai base de la charité agissante, nous voulons dire de la mutualité. Le mutualiste ne se contente pas de tendre la main au déshérité, mais il évalue sincèrement les risques de misère, les siens aussi bien que ceux d'autrui, et il les met en commun de façon à aider même le plus faible à supporter le malheur.

Toute autre est l'idée qui amène un assujetti vers l'assurance obligatoire. Il commence par voir dans la prestation une chose due et si elle n'est pas au moins égale à sa cotisation personnelle, il estime qu'il est frustré d'un avantage légitime. Cette mentalité n'est pas celle de la fraude, mais elle est bien plus grave et tout aussi ruineuse. Elle provient de ce que l'on a méconnu les principes mêmes de l'assurance-maladie. Prosper de Lafitte donnait, en effet, dès 1892, dans son traité devenu classique « Théorie rationnelle des sociétés de secours mutuels » les conseils suivants : « Quand un risque frappe tous les assurés ou à peu près tous, l'assurance ne peut guère que rendre à chacun sa prime et dès lors il est inutile de mettre ces primes en commun ».

Les menaces d'obligation et d'étatisme de la loi du 5 avril 1928 risquent de faire disparaître bon nombre de caisses d'entreprises, véritables organes de progrès social. Elles ont été vainement défendues au Sénat par M. Japy, le 19 mars 1930. Le ministre du Travail les a condamnées en vertu du principe que la solidarité de tous les assurés est la base de l'assurance sociale. Dans son état actuel, la loi française confie la gestion de l'assurance maladie aux sociétés de secours mutuels et à l'Etat.

On ne paraît pas d'ailleurs s'être rendu compte qu'en leur confiant le service de l'assurance-maladie obligatoire, on transformait complètement la nature des sociétés de secours mutuels. Le caractère principal des sociétés de la loi du 1er avril 1898 est parfaitement souligné, ainsi que ses principales conséquences par P. de Laffitte.

« Une Société de secours mutuels... ne traite qu'avec ses participants, c'est-à-dire avec elle-même, et reste toujours maîtresse de ses engagements, aussi bien de ceux qu'elle a souscrits dans le passé, que de ceux qu'elle contractera dans l'avenir. Dès qu'un déficit inquiétant est constaté quelque part, on en est quitte pour réduire autant qu'il faut les secours ».

Dorénavant les prestations seront fixées par la loi ainsi que les cotisations; toute la souplesse du fonctionnement de ces organismes va donc s'évanouir.

Etudions avec P. de Laffitte le mécanisme de ces sociétés.

« C'est la maladie grave et de longue durée qui est le fléau du pauvre... Ce risque remplit d'ailleurs assez bien les conditions qu'exige une bonne assurance : écrasant pour ceux qu'il atteint, il est assez rare pour qu'une prime légère payée par un grand nombre d'assurés permette d'indemniser raisonnablement le petit nombre de ceux qui seront frappés. Il s'en faut bien pourtant que soient suffisamment remplies ces conditions d'un petit nombre de victimes et d'un grand nombre d'assurés. Aussi, pas une société de secours mutuels ne serait assez riche pour pouvoir, sans une extrême imprudence, prendre des engagements fermes en ce qui touche ces maladies... Il est une autre assurance que les sociétés de secours mutuels ne peuvent admettre que partiellement et avec une extrême prudence, c'est l'assurance en cas de maladies chroniques et incurables... Aussitôt que la faculté de travailler est perdue sans retour, la société de secours mutuels ne peut plus rien. »

L'obligation à l'assurance permettra-t-elle aux sociétés de secours mutuels d'assumer des tâches auxquelles elles se reconnaissaient inaptes auparavant ? Nous ne le croyons pas. Il est évident que la loi peut limiter le risque en ne le faisant couvrir que pendant une certaine durée, mais les sociétés de secours mutuels s'en étaient déjà avisées et la plupart de leurs statuts prévoyaient cette limite.

Ainsi, encore une fois, nous vérifions cette thèse que l'Etat, même lorsqu'il conserve les organes issus de l'assurance privée, vicie par son intervention leur caractère traditionnel et familial et risque de leur enlever, avec leur homogénéité et leur esprit d'économie, toutes les raisons de leur succès auprès de la clientèle qu'ils avaient réuss à se former.

CHAPITRE VII

L'ASSURANCE INVALIDITÉ, L'ASSURANCE VIEILLESSE ET L'ASSURANCE DÉCÈS

> *« Il n'est peut-être pas juste, il n'est peut-être pas vrai, au point de vue social' il n'est peut-être pas avantageux pour les assurés d'ignorer ce qui a déjà été fait en matière de retraite dans notre pays, de condamner à mort ou à l'anémie tant d'excellentes institutions qui existent. »* (Emile Fleury, « Vieillesse, Invalidité, Assurance sociale », *Revue politique et parlementaire* du 10 mai 1927.)

Le Bureau International du Travail n'a pas encore porté la réglementation internationale de ces diverses branches d'assurance à l'ordre du jour de la Conférence internationale du travail.

On pourrait croire à première vue que c'est parce que la documentation préparatoire à l'étude de ces diverses questions n'est pas suffisamment poussée. Il nous semble qu'il existe une raison plus profonde du retard des études du B. I. T. dans ce domaine. C'est que l'assurance privée a atteint, en ce qui concerne les risques de vieillesse, d'invalidité et de décès, un développement technique si complet qu'elle annihile presque entièrement les efforts qui tendent a créer une assurance dite sociale de ces mêmes risques.

L'assurance mixte est la formule[1] mise au point par l'assurance privée pour prévenir au meilleur prix les conséquences dommageables de l'invalidité, de la vieillesse et du décès. On sait que l'assurance mixte est un contrat à durée limitée par lequel l'assureur s'engage, moyennant le paiement d'une prime annuelle, à garantir un capital en cas de décès pendant la durée du contrat ou en cas de vie à l'échéance du contrat et une rente de 10 % du capital si l'assuré devient invalide. L'assurance privée a, en outre, su ménager l'avantage d'un tel contrat à des collectivités déjà sélectionnées, par exemple au personnel d'une entreprise déterminée, à l'ensemble des adhérents d'un syndicat professionnel fixé. C'est ce qu'on appelle l'assurance-groupe. On peut constater les résultats de l'assurance privée, comme aux Etats-Unis par exemple, sans les favoriser. M. Chauveau rappelait lui-même à la séance du Sénat du 6 mars 1930 que « les Etats-Unis ont réalisé de très beaux progrès sanitaires sans les assurances sociales ». On peut aussi engager la classe ouvrière à se méfier de ces organisations d'assurance. On n'a d'ailleurs aucune peine à les qualifier de capitalistes; même si elles affectent la forme la plus démocratique, comme c'est le cas pour les sociétés mutuelles d'assurances sur la vie selon le type de la loi française du 17 mars 1905, elles détiennent en effet de nombreux capitaux qui représentent leurs réserves mathématiques et qui appartiennent en totalité à la collectivité assurée.

Dans certains Etats, les dirigeants ouvriers prônent l'organisation de caisses de ce genre par les syndicats ouvriers eux-

1. Cette formule n'est naturellement pas la seule acceptable. Ainsi on peut lui préférer dans certains cas la juxtaposition d'une assurance-vieillesse et d'une assurance temporaire contre l'invalidité. Ce système a été exposé par M. Fleury dans un article « Vieillesse, Invalidité, Assurance sociale », paru dans la *Revue politique et parlementaire* du 10 mai 1927 et par nous-même dans une communication à l'Institut des Actuaires français publiée sous le titre *Expérience allemande et Projet français* dans le *Bulletin* n° 129 de juin 1927.

mêmes. En rapprochant ainsi par trop ces caisses d'organes dont la raison d'être est la lutte politique ou économique, ils leur suscitent de graves dangers.

Presque tous les financiers sont d'accord pour reconnaître que c'est une tâche extrêmement délicate de gérer de gros capitaux. Cela nécessite des connaissances économiques et financières étendues, ainsi qu'une certaine expérience des affaires. Pour gérer convenablement une grosse fortune, la bonne volonté ne suffit pas.

Il ne faut pas croire d'ailleurs qu'il est seulement nécessaire de savoir convenablement employer ses réserves pour diriger une société d'assurances sur la vie, ou même simplement une de ces caisses autonomes du type de la loi française du du 1er avril 1898.

Il importe également d'avoir compris les principes du calcul des probabilités et de s'être assimilé les règles techniques du calcul des intérêts composés en même temps que les directives pratiques de la sélection des risques.

Ce sont toutes ces qualités qui font un assureur et qui sont nécessaires, à un degré plus ou moins développé, à tout le personnel qui concourt à la gestion des assurances sur la vie depuis l'agent jusqu'au directeur.

A ce propos, il nous semble indispensable de protester avec la plus grande énergie contre une opinion trop souvent répandue dans divers milieux et qui consiste à croire que l'assurance est en soi une institution excellente, mais que son principe est faussé par la rémunération injustifiée et la plupart du temps excessive que les compagnies d'assurance sur la vie accordent à leurs agents.

C'est en se basant sur ce raisonnement que l'Etat favorise le fonctionnement de caisses publiques qui, théoriquement, donnent l'assurance au prix coûtant et sans rémunération d'intermédiaires abusivement rétribués par les compagnies d'assurances sur la vie.

Une de ces caisses imprime sur ses notices qu'elle est un organisme entièrement désintéressé que préoccupent seuls l'intérêt général et l'amélioration des conditions sociales. C'est en vue de favoriser la prévoyance parmi les épargnants, poursuit la notice, qu'elle a adopté un mécanisme d'assurances présentant les plus grandes facilités, un rendement avantageux et les meilleures garanties.

Ce mécanisme est souvent basé sur une exemption fiscale dont bénéficient les souscripteurs des caisses publiques et qui est refusée aux assurés des compagnies d'assurances. Parfois le privilège d'employer un tarif inférieur au tarif minimum imposé aux compagnies d'assurances sur la vie, facilite les opérations de ces caisses. Souvent leur garantie est purement morale lorsqu'elles ne publient pas, comme les compagnies d'assurances sur la vie, un bilan faisant ressortir les réserves mathématiques de leurs engagements. Il n'est pas inutile de remarquer à ce sujet que les capitaux formidables que peuvent amasser ces caisses sont pratiquement à la disposition de l'Etat et qu'il n'est peut-être pas très prudent de laisser ainsi à un gouvernement la libre disposition de sommes dont il peut régler l'emploi selon des buts politiques.

Il ne semble pas de plus qu'on puisse dire qu'un organe est purement désintéressé du fait qu'il ne rémunère que très légèrement les agents qui lui apportent des affaires. L'assurance en cas de décès est en somme un pari où le gagnant est celui qui meurt. Une telle assurance ne peut pas être très en faveur malgré ses avantages sociaux, car les ayants droit recueillent tout naturellement le bénéfice de l'assurance sans se douter parfois de l'opération réalisée par l'assuré et celui-ci n'est plus là pour en faire valoir les avantages. Il faut donc de toute nécessité un agent de propagation de cet excellent palliatif des principaux fléaux sociaux qu'est l'assurance mixte.

Cet agent a, il faut bien le reconnaître, une tâche ingrate. Il doit combattre l'égoïsme, l'apathie, il doit triompher de nombreuses préventions injustifiées contre la prévoyance, faire appel aux sentiments les plus généreux, qui, hélas ! sont souvent les plus rares. Parfois il est discrédité par la concurrence, gêné par le privilège incompréhensible de caisses publiques, et malgré cela, il doit savoir adapter les diverses catégories de l'assurance au cas particulier qu'il a à traiter tout en sauvegardant les intérêts de la mutualité pour laquelle il travaille. A cette acquisition des assurances il faut ajouter leur gestion. Tout ceci mérite un salaire et nous considérons que la reconnaissance de cette rétribution, souvent d'ailleurs injustement disputée à l'agent par l'assuré lui-même, est un acte de stricte justice et n'est aucunement contraire ni à « l'intérêt général » ni à « l'amélioration des conditions sociales ». Pour arriver à une certaine diffusion, les caisses publiques sont d'ailleurs obligées d'en venir à rémunérer indirectement leurs intermédiaires. Elles n'ont pratiquement de succès que dans les régions où certains fonctionnaires négligent leur travail normal et deviennent les auxiliaires de ces caisses en faisant supporter indûment aux contribuables la part de leur traitement correspondant à leur activité comme agents des caisses publiques.

Il semble que dans certains Etats et particulièrement en France, on ait tendance à se figurer que la gestion des assurances sociales ne nécessite aucune capacité particulière et qu'il suffit de la volonté du législateur pour imposer le goût de l'assurance et en assurer le fonctionnement. Nous avons déjà vu que, pas plus pour l'assurance maladie que pour l'assurance décès, le goût n'en est inné. Mais il est bien certain que le recrutement du personnel susceptible de faire fonctionner l'assurance obligatoire avec un étroit contrôle de l'Etat est un problème extrêmement redoutable. Déjà M. Emile Fleury, le distingué commentateur de la loi du 5 avril 1928, l'un des esprits les plus avertis des problèmes de l'assurance privée et de l'assurance sociale, a signalé les difficultés de cette tâche. C'est un point qui inquiète également M. Lescure qui écrit dans la *Revue de Paris* du 1er juillet 1929[1] : « Faute de bons directeurs qualifiés, la loi fonctionnera mal ».

Au lieu de négliger toutes les institutions qui, à l'heure actuelle, ont l'avantage d'exister, d'avoir des cadres éprouvés et de fonctionner à la satisfaction de leurs assurés, les Etats devraient bien comprendre qu'ils n'ont pas intérêt à gêner ces initiatives privées et que s'ils veulent réaliser quelque chose d'utile dans le domaine de l'assurance, c'est avec les institutions existantes et non contre elles qu'ils doivent travailler.

1. *Les Assurances sociales*, par M. Jean Lescure, professeur à la Faculté de Droit de Paris, (*Revue de Paris. n° 13*, p. 120).

CHAPITRE VIII

L'ASSURANCE CHOMAGE

> « *L'assurance contre le chômage ne peut être une assurance au sens propre, car les assurés peuvent par eux-mêmes (en particulier dans leur lutte pour obtenir de meilleures conditions de travail) augmenter, et cela d'une façon importante, le nombre des cas de chômage... En conséquence, les pouvoirs publics ne doivent ni subventionner l'assurance volontaire contre le chômage ni introduire une telle assurance obligatoire.* » (P. G. Laurin (Stockholm). Traduction d'un rapport au VIIIe Congrès International d'actuaires sur l'assurance sociale en Suède.)

L'opinion que nous venons de rapporter était autrefois unanimement approuvée. Pourtant certaines réactions se manifestaient et en 1893 commençait à fonctionner à Berne a première institution organisée par les pouvoirs publics. Nous n'insisterons pas sur l'histoire du développement de cette institution, depuis le système de Gand jusqu'à la loi d'assurance nationale de Grande-Bretagne (National Insurance Act de 1911). L'expérience anglaise n'avait en général pas été considérée comme un succès. Cependant, le 16 juillet 1927, on promulguait en Allemagne une loi dont l'élaboration difficile avait demandé près de huit ans, mais dont l'objet est indubitablement une véritable assurance chômage obligatoire gérée par l'Etat.

Il importe donc d'étudier avec une certaine attention cette loi. Nous allons montrer qu'elle a été étroitement conditionnée par les traditions, la situation politique et les circonstances économiques propres à l'Allemagne.

C'est en effet pour l'Allemagne une tradition qui remonte déjà au discours du trône lu par Bismarck le 17 novembre 1881, de désarmer par avance les revendications ouvrières en prenant l'initiative d'une active et entreprenante législation de l'assurance sociale.

La forme sous laquelle cette intervention s'est effectuée, la part éminente réservée à l'Etat dans la gestion de l'assurance sociale, le socialisme d'Etat dont toute l'institution est imprégnée ne provient pas de Bismarck. Il lui a été imposé par un mouvement d'idées très puissant en Allemagne au milieu du XIVe siècle et dont nous croyons pouvoir faire remonter l'origine à Hegel. Une étude du Dr Aurin, qui poursuit dans la *Reichsversicherung* l'historique de l'assurance sociale allemande commencé par M. Rudolf Wissel, ministre du Travail actuel du Reich, met en évidence le manque absolu d'idées personnelles de Bismarck sur l'assurance sociale. Il n'en est pas question en effet dans ses « *Gedanken und Erinnerungen* ».

« Nous ne pouvons savoir, écrit le Dr Aurin, ni par ses lettres ni par ses paroles, comment il en est arrivé à ses projets. Les idées ne doivent pas venir de lui, cependant l'assurance sociale reste son œuvre ».

Au contraire M. Wissel remarque que la Révolution française, bien qu'elle ait conquis aux principes du libéralisme presque tous les Etats modernes, n'avait pourtant pas coupé les ponts en Allemagne, entre le passé et les temps modernes. Si l'on recherche les inspirations de l'assurance sociale en Allemagne, on se voit obligé de remonter par des économistes tels que Albert Shäffle, Hermann Wagner, Adolf Wagner et Gustav Schmoller, aux philosophes tels que Feuerbach et Gans et surtout à Hegel.

M. Victor Basch[1] résume ainsi l'appréciation de Hegel sur le libéralisme :

« Non content de la liberté des personnes et de la propriété et d'une organisation de l'Etat où certains groupes sont chargés des affaires et où les hommes raisonnables exercent de l'influence sur le peuple et lui inspirent confiance, le libéralisme prétend que tout dans l'Etat se fasse par la puissance expresse et le consentement exprès des atomes que sont les volontés particulières. Or, cette conception formelle et abstraite de la liberté est incompatible avec toute organisation stable... » Il nous faudrait remonter en France aux conceptions politiques de Bossuet pour retrouver un état d'esprit analogue aux conceptions de Hegel qui ont inspiré directement les conseillers de Bismark. Envisagée sous ce jour, on se demande si la conception allemande de l'assurance ouvrière constitue bien un progrès social.

L'assurance-chômage fut reconnue nécessaire en Allemagne par l'article 163 de la Constitution de Weimar. Jusque-là, le risque de chômage avait paru rétif au joug de l'assurance. Dans les pays où une assurance contre le chômage existe depuis quelque temps déjà, on n'a pas manqué de constater qu'en temps de crise sur le marché du travail les ressources normales de l'assurance ne suffisent pas pour couvrir les frais d'indemnisation. D'où des difficultés souvent considérables.

L'Allemagne ne les a pas ignorées. En 1926, le nombre des chômeurs secourus n'est pas descendu au-dessous de

1. *Les doctrines politiques des philosophes classiques de l'Allemagne*, par Victor Basch, p. 273. Alcan, 1927.

1.300.000. Or, l'exposé des motifs joint à la loi du 16 juillet 1927, constate qu'une contribution égale à 3 % des salaires de base ne permettra d'indemniser d'une façon continue que 700.000 chômeurs[1].

La loi du 16 juillet 1927 a trouvé une solution à cette difficulté en distinguant le risque normal de chômage et le risque exceptionnel qui se manifeste en période de crise. L'assurance n'a pour objet que de couvrir le risque normal. Ceci résulte très clairement de ce que la durée de l'indemnisation ne devra pas dépasser 26 semaines et exceptionnellement 39 semaines. Si, en période de dépression économique prolongée, une indemnité pour une plus longue durée est nécessaire, celle-ci pourra être accordée sous la forme d'une « indemnité de crise », en tenant compte de l'état de besoin du chômeur. Mais les ressources nécessaires à cette indemnisation exceptionnelle seront formées, non pas par les assurés et leurs employeurs, mais par le Reich et les communes. Il ne s'agira donc plus là d'une assurance proprement dite, mais d'une mesure de prévoyance complémentaire qui se rapproche beaucoup de l'assistance. A ce point de vue, la loi du 16 juillet 1927 inaugure une voie très raisonnable. L'assurance, dans tous les domaines, n'est valable que pour certains risques assurables.

Au delà de certaines limites, on doit se résigner à ne pas couvrir le risque ou à faire face à ses conséquences désastreuses par la voie de l'assistance ou de la charité[2].

1. La loi prévoit onze classes d'assurés selon le salaire hebdomadaire moyen, Ces classes correspondent à un salaire journalier de 8, 12, 16, 23, 27, 33, 39, 45. 53, 57 et 63 fr. par jour. L'indemnité varie entre deux limites selon que l'assuré a ou non des charges de famille. La limite inférieure et la limite supérieure sont fixées en pour cent du salaire moyen aux taux suivants, qui diminuent quand le salaire moyen augmente : 75-80, 65-80, 55-75, 47-72, 40-65, 40-65, 37,5-62,5, 35-60, 35-60, 35-60, 35-60.

2. Cette loi de 1927 provoqua cependant de graves abus. La *Gazette de Cologne* notait, fin 1927 : « Avant la loi du 16 juillet 1927, il était nécessaire que la chômeur soit dans le besoin. Maintenant, il suffit qu'il soit « capable et désireux

La situation politique du Reich et des Etats semble avoir joué dans l'organisation administrative de l'assurance-chômage un rôle de premier plan. Déjà elle a une importance considérable dans tous les projets d'organisation administrative de Bismarck, dont l'œuvre principale fut et restera la création du Reich. Alors comme aujourd'hui on sentait la nécessité de créer á tout prix des services très centralisés qui donnent une raison d'être à cet organe un peu artificiel qu'est un Etat fédéral Le projet d'assurance chômage qui avait été présenté au Reichstag le 16 décembre 1926, confiait l'administration de l'assurance à des caisses régionales de chômage rattachées et subordonnées aux bureaux de placement régionaux (*Landesarbeitsämter*), instituant ainsi une organisation décentralisée. La loi du 16 juillet 1927 crée au contraire, pour gérer l'assurance, une nouvelle administration centrale et autonome, une sorte d'institut fédéral du placement et de l'assurance chômage (*Reichsanstalt für Arbeitsvermittlung und Arbeitslosenversicherung*).

Il faut voir dans cette organisation une nouvelle tendance vers l'unité du Reich. Depuis 1919, l'assurance minière a déjà été unifiée pour l'Allemagne tout entière. La loi de 1927 a été inspirée de la même conception politique.

Les circonstances économiques ont enfin joué un rôle de premier plan dans l'aménagement technique de l'assurance contre le risque normal de chômage.

L'Allemagne a 10 millions d'agriculteurs et 13 millions d'ouvriers. Certaines régions y sont nettement agricoles, d'autres franchement industrielles. Sans recourir à l'organisation

de travailler, et en chômage contre sa volonté.. Les maçons de Berlin ont plus d'avantage à être l'hiver chômeurs que bûcherons. » La *Kreuzzeitung* signalait que dans un district agricole de la Silésie, il y avait au 30 octobre 1927, 873 chômeurs et au 15 décembre, après la mise en application de la loi : 13.000 chômeurs.

de l'assurance sur la base professionnelle, on a pu cependant créer des groupements régionaux susceptibles de se soutenir mutuellement.

Aussi longtemps qu'un fonds de réserve permettant d'indemniser, pendant trois mois, 600.000 chômeurs n'aura pas été constitué (§§ 142 à 167 de la loi du 16 juillet 1927), le total des cotisations ouvrière et patronale, ne peut être abaissé à moins de 3 % des salaires de base (§ 159). En Allemagne, où les ouvriers de l'industrie ont la majorité, on a convié les agriculteurs à constituer le fonds de réserve de l'assurance-chômage.

Les récentes discussions sur la mise au point de la loi du 5 avril 1928 ont mis en évidence qu'en France ce sont les agriculteurs qui possèdent la majorité politique; le recensement de 1926 leur accorde d'ailleurs aussi la majorité numérique puisqu'il accuse 8.800.000 agriculteurs contre 7.200.000 ouvriers de l'industrie.

Les graves crises de chômage de 1920, 1923 et surtout 1926, ont eu également une influence considérable sur le développement de la législation de l'assurance-chômage.

Ces crises ont été traversées sous l'empire de la législation sur l'assistance aux chômeurs. Les secours étaient alors fixés indépendamment du dernier salaire du chômeur. Dans certains cas, les secours étaient tout à fait insignifiants par rapport aux salaires usuels, dans d'autres ils atteignaient le montant du salaire ou même le dépassaient. Le nouveau système a porté remède à ces inconvénients. Il résulte d'une enquête entreprise le 2 juillet 1926, que la dépense totale sera la même après application de la nouvelle loi qu'auparavant. A la lumière de ces constatations, la loi du 16 juillet 1927 n'apparaît plus. ainsi qu'on l'a tapageusement présentée, comme une initiative hardie de progrès social, mais comme une habile remise au point d'une organisation trop hâtive d'assistance-chômage.

Ainsi en Allemagne, la loi d'assurance-chômage tend surtout à assurer le Gouvernement contre le risque de voir son budget fortement entamé par les secours de chômage. Elle institue, en effet, un régime sérieux de prévention du risque par le placement. De plus la fixation des cotisations à un taux très élevé (3 % des salaires) tend à faire constituer par le pays lui-même (patrons et ouvriers par moitié) une réserve destinée à alléger l'effort propre de l'Etat.

La réalisation de l'assurance-chômage en Allemagne ne nous incite donc pas à abandonner la manière de voir généralement admise jusqu'ici dans les mileux des techniciens de l'assurance. Comme le conseille M. Laurin, nous sommes d'avis que l'Etat doit organiser la prévention du risque et non son indemnisation. Cependant s'il s'est engagé à tort dans une institution trop onéreuse d'assistance chômage, une loi inspirée des mêmes principes que la loi allemande et adaptée à des conceptions un peu plus modernes d'organisation administrative avec le concours de l'initiative privée, peut sans doute rendre des services.

CHAPITRE IX

L'ÉGALITÉ DE TRAITEMENT DES TRAVAILLEURS ÉTRANGERS ET NATIONAUX

« *La France s'honorera le jour où elle adoptera... une législation (de l'assurance sociale) vraiment humaine..., affranchissant de toute rançon ceux que l'amour de leur patrie ou de leur famille retient ou rappelle à l'étranger.* » (Loubat, *Les accidents du travail en droit international*, p. 9.)

L'un des résultats les plus remarquables de l'effort du Bureau International du Travail a été de faire aboutir la convention sur l'égalité de traitement des travailleurs étrangers et nationaux en matière de réparation des accidents du travail. Cette convention, déjà ratifiée par vingt-cinq Etats en janvier 1930, a mis fin à un véritable état d'anarchie et d'injustice. En proclamant la territorialité des lois d'assurance sociale, le Bureau International du Travail a terminé une discussion d'ordre purement juridique dont l'origine était due au caractère encore assez mal précisé des lois d'assurance sociale.

Cette décision a rendu un grand service au monde du travail en fixant d'une façon précise, non seulement le mode d'indemnisation, mais encore le mode d'assurance auquel doit adhérer le patron pour se garantir des conséquences éventuelles des accidents du travail.

Ainsi, en France même, d'importantes divergences d'opinion existaient en effet sur ce point entre les principaux auteurs.

M. Sachet, conseiller à la Cour de cassation, prend nettement position en ces termes : « La loi de 1898 a le double caractère d'une loi de sûreté qui, aux termes de l'article 3 du Code civil, s'impose à tous les habitants du territoire français sans distinction de nationalité, et d'une loi d'ordre public à laquelle les Français ne peuvent déroger même par des conventions passées à l'étranger[1] ». (Art. 30 de la loi de 1898 et 6 du Code civil).

Quelques pages plus loin (p. 58, n° 1956), M. Sachet conteste l'opinion de M. Valéry, d'après laquelle « la loi de 1898 est une loi d'ordre public personnel et territorial qui, comme la loi pénale, est applicable en France à toute personne et, à l'étranger, aux Français seulement[2] ».

Enfin, dans leur *Manuel de Droit international privé*[3], MM. Pillet et Niboyet signalent que la jurisprudence ne semble plus considérer la loi de 1898 comme une loi d'ordre public et contestent l'opinion d'après laquelle la responsabilité définie par la loi de 1898 serait délictuelle; la loi par suite se rattacherait non à la police mais à la police de l'industrie.

Avant d'entrer dans le détail de la discussion, il paraît utile de remarquer que l'opinion de M. Sachet ne semble pas imposée par les textes.

De ce que toute convention contraire à la loi de 1898 est nulle de plein droit (art. 30) et de ce que l'on ne peut déroger, par des conventions particulières, aux lois qui intéressent

1. *Traité théorique et pratique de la législation sur les accidents du travail et les maladies professionnelles.* Paris, Recueil Sirey, 1926, t. III, p. 41, n° 1922.
2. Valéry, *Manuel de droit international privé,* Paris, Fontenoy, 1914, n° 321 et 424.
3. Paris, Recueil Sirey, 1924, n° 524 et 525.

l'ordre public ou les bonnes mœurs (art. 6, C. civ.) il ne s'ensuit pas que toute loi à laquelle on ne peut déroger par des conventions particulières intéresse l'ordre public ou les bonnes mœurs.

Malgré ces principes divergents, les auteurs que nous venons de citer tombent d'accord sur leurs conséquences dans le cas d'un ouvrier embauché en France par un patron français pour un travail à exécuter dans un pays étranger n'ayant pas signé de traité de réciprocité avec la France.

M. Sachet estime, en effet, que si un patron se voit imposer, « dans un intérêt d'ordre public[1] », l'obligation d'indemniser selon la loi de 1898, c'est la conséquence nécessaire du contrat de louage entre les parties.

D'après M. Valéry, la loi, obligatoire pour tous les Français à l'intérieur des frontières (territoriale), reste applicable aux ouvriers français (personnelle) blessés à l'étranger en travaillant pour un patron français, mais ne s'applique pas aux ouvriers étrangers blessés à l'étranger au service d'un patron français.

MM. Pillet et Niboyet, appliquant la méthode de M. Pillet, considèrent que le caractère principal de la loi de 1898 est de se rattacher à la police de l'industrie. Dès lors, on ne peut hésiter qu'entre les trois lois suivantes :

a) loi du lieu de travail;

b) loi du contrat de travail;

c) loi du siège de l'entreprise.

Or, le pays dont la police de l'industrie paraît la plus intéressée par l'accident est, d'après ces auteurs, celui où ont lieu les pourparlers relatifs au contrat de travail, où se rencontrent le patron et les ouvriers ou leurs syndicats. L'application de la « lex loci contractus » est d'ailleurs confirmée par l'article 15

1. Sachet, *loc. cit.*, n° 1955 et 1956.

de la loi de 1898 et par la jurisprudence de la Cour de cassation (affaire Antipoul).

La Convention sur l'égalité de traitement a, au contraire, posé le principe, beaucoup plus juste à nos yeux et d'une application bien plus facile, de la territorialité. Bien que ce principe s'applique dès maintenant, en raison des nombreuses ratifications de la convention, à presque tout le monde civilisé, et qu'un cas de conflit de lois non résolu par la convention soit à peine concevable, il nous semblerait cependant souhaitable que la doctrine revienne sur ses opinions et préconise, dans tous les cas, l'application de la loi du lieu du travail.

Que fait-on valoir en effet contre cette solution ? L'article 15 de la loi de 1898 et la jurisprudence. Le texte de l'arricle 15 est le suivant : « Lorsque l'accident s'est produit en territoire étranger, le juge de paix compétent, dans les termes de l'article 12 et du présent article, est celui du canton où est situé l'établissement ou le dépôt auquel est attachée la victime ».

Il est clair que l'article 15 envisage comme possible l'indemnisation selon la loi française de l'accident survenu en territoire étranger; il ne dit pas cependant que tout accident survenu à un ouvrier au service d'un patron français relève de la loi française.

La jurisprudence française a eu, depuis 1898, une opinion un peu vacillante et on interprète souvent ses décisions en en forçant un peu la portée.

Ainsi, pendant toute une période qui s'étend de 1898 à 1905, la jurisprudence préconisait l'application de la loi du lieu de l'accident. On peut citer en ce sens un jugement du tribunal, de Lille du 4 décembre 1904 (Clunet, 1905, p. 667) confirmé en appel par arrêt de la Cour de Douai du 4 avril 1905 (Clunet, 1905, p. 667), un autre jugement du tribunal de Lille du 25 mai 1905 (*Revue de droit international privé*, 1906, p. 156) également confirmé par arrêt de la Cour de Douai du 9 août 1905 (*ibid.*, p. 156). Evidemment il y eut un revirement en faveur de la loi du lieu du contrat, confirmé par deux arrêts de la Cour de cassation du 8 mai 1907 (Clunet, 1908, p. 27). Mais il faut bien reconnaître que le principal arrêt invoqué par les auteurs [affaire Antipoul c. Hersent frères, Cour de cassation (ch. réunies), 26 mai 1921 ; de Lapradelle, p. 501, année 1921] est relatif à un conflit intercolonial et non, comme dans l'hypothèse actuelle, à un conflit international.

La Convention sur l'égalité de traitement, en adoptant le principe de la territorialité, a obéi à un double courant d'opinions :

le besoin de simplifier et de rendre accessibles à l'ouvrier comme au patron les principes de la législation du travail;

la nécessité de faire disparaître des lois nationales la situation d'exception faite aux étrangers.

Tant que la réparation des accidents du travail est restée sous l'empire des principes du droit civil, il n'a jamais été question d'une réduction de la responsabilité sous prétexte que la victime du dommage était un étranger. Aussi M. Feigenwinter a-t-il fait remarquer avec raison, en 1908, qu'aucune différence ne pouvait être relevée entre nationaux et étrangers dans les premières lois sur la responsabilité civile : loi prussienne du 3 novembre 1838 relative aux entreprises de chemin de fer; loi allemande du 7 juin 1871 ; loi autrichienne du 5 mars 1869; lois suisses de 1875, 1881 et 1887. Le Code civil aurait pu, à juste titre, être ajouté à cette énumération. Pour trouver la première trace d'un traitement défavorable vis-à-vis de l'étranger, il faut arriver à la loi allemande de 1882 sur l'assurance accidents de l'Empire. Aucun privilège n'apparaît encore pour le national dans le projet de Bismarck de mars 1881. Ce n'est que dans l'article 2 de la loi du 8 mai 1882 que l'on voit apparaître cet article, trop souvent copié depuis :

« Les représentants d'un étranger qui ne demeuraient pas en ce pays au moment de l'accident, n'ont aucun droit à la rente ».

C'est à des considérations étroites d'économie politique qu'il faut attribuer, d'après M. Mahaim, les raisons du système de défaveur adopté alors vis-à-vis de l'ouvrier étranger. Parmi elles, on peut citer : le protectionnisme ouvrier, le souci de conservation des rentes à l'intérieur des frontières, les difficultés de contrôle administratif à l'étranger.

Enfin, il faut reconnaître que la loi a changé de nature; au lieu de rester dans le domaine du droit civil, elle est entrée dans celui du droit public avec la théorie du risque professionnel. La responsabilité du patron n'est plus basée ni sur la réparation d'une faute, ni sur l'exécution d'une obligation purement contractuelle. Dès l'instant que le législateur croit pouvoir, dans un intérêt général, imposer à l'industrie la charge des accidents survenus au cours du travail, il pense aussi avoir le droit d'accorder un privilège au national. C'est un des premiers inconvénients de l'ingérence de l'Etat dans l'assurance ouvrière.

De nombreux auteurs ont déjà flétri la situation d'exception faite à l'étranger par diverses législations. M. Loubat s'exprimait ainsi en 1911 : «Cette déchéance n'existait pas sous l'empire du droit commun; les indemnitaires étaient, il est vrai, moins nombreux, mais le nombre ne change pas le droit. Elle n'existe pas non plus pour les indemnités allouées aux étrangers conformément au droit commun à raison des dommages qu'ils subissent pour toute autre cause et on ne pourrait l'édicter sans une intolérable injustice qui soulèverait la réprobation universelle. Dès lors, quelle est sa raison d'être pour les ouvriers étrangers blessés dans leur travail ? »

La même année, le docteur Baumgarten s'exprimait ainsi à la session de Budapest de l'International Law Association[1] : « Les difficultés de contrôle et les complications administratives qui peuvent se présenter à l'extension de cette assurance obligatoire aux étrangers ne justifient pas de récentes décisions de la jurisprudence américaine qui ont dénié aux étrangers non résidant le droit à des dommages-intérêts. (Cour suprême de Pensylvanie Deni v. Pennsylvania RR. C° et Cour suprême fédérale Maiorano, *Revue de D. I. P.*, 1908, p. 520). Ce n'est pas seulement un résultat contraire aux principes élémentaires du droit internationl et de l'équité, mais une grave atteinte aux principes de l'humanité... Des bruits qu'on veut croire exagérés sont venus, d'après lesquels des employeurs auraient négligé tout traitement médical à l'égard d'ouvriers étrangers blessés. De sorte que cette jurisprudence ne frappe pas seulement les héritiers des ouvriers qui ont émigré en Amérique, mais ces ouvriers eux-mêmes dans leur existence et leur santé ».

Le romancier anglais H. G. Wells aurait-il donc raison lorsqu'il note avec cynisme : « Courber la volonté du plus jeune ou de l'inférieur et le soumettre était une pratique essentielle dans l'établissement des sociétés primitives : cette tradition dirige encore notre éducation et nos lois[2] » ?

M. Capitant, dans son étude relative aux conventions internationales sur les accidents du travail, reconnaît que la justice demande la suppression des mesures restrictives, mais

1. *Revue de droit international privé*, année 1911, p. 832.
2. H. G. Wells, La Conspiration au grand jour, *Revue des Vivants*, octobre 1928.

qu'il est assez normal que les pays importateurs de main-d'œuvre, tels que la France et l'Allemagne, aient un assez gros intérêt à ne les abandonner que par voie de réciprocité. Ils peuvent ainsi contraindre d'autres pays à adopter la même règle et, de plus, obtenir d'eux d'autres mesures de protection du travail. Il envisage d'ailleurs que cette méthode demandera du temps et souhaite la conclusion d'une Convention internationale d'union. Déjà, en 1904, à la session de Bâle de l'Association internationale pour la protection légale des travailleurs, M. Millerand faisait adopter à l'unanimité la motion suivante :

« Pour les droits garantis à l'ouvrier et à ses ayants cause par les législations d'assurance et de responsabilité professionnelle, il n'y a lieu d'établir aucune différence entre les bénéficiaires, à raison de leur *nationalité, de leur domicile ou de leur résidence* ». Cette motion renouvelée à Genève en 1906, répétée à Lucerne en 1908[1] et étendue alors à la question du conflit des lois, reproduite enfin à Lugano en 1910, devait aboutir en 1925, lors de la septième session de la Conférence internationale du travail, au projet de convention et à la recommandation concernant l'égalité de traitement des travailleurs étrangers et nationaux en matière de réparation des accidents du travail.

Cette convention est de celles qui réunissent le plus de ratifications (25 en janvier 1930). Il est intéressant de remarquer que c'est la première convention internationale sur ce sujet entre la France et l'Allemagne. Bien que ces deux pays aient étendu leurs relations de réciprocité en cette matière à de nombreux Etats européens, aucun accord général direct n'était encore intervenu entre eux. Ce fait surprenait déjà

3. Compte rendu de la 5e Assemblée générale de l'Association, Lucerne, 1908, p. 213.

en 1910 M. Capitant qui notait que le nombre de sujets que chacun des pays occupe sur le sol de l'autre est assez important. En 1901, 46.000 Allemands séjournaient en France et 20.000 Français en Allemagne. Il est vrai qu'en 1925 il n'y avait plus que 7.000 Français en Allemagne. (On trouvera en annexe le texte de la Convention). L'article 1 de cette Convention est manifestement inspiré de l'article 1 de la Convention franco-belge du 14 juin 1906 et de la Convention franco-luxembourgeoise du 15 novembre 1906. Ces deux conventions ont d'ailleurs le même texte, *mutatis mutandis*.

L'interprétation de ces deux dernières conventions a été faite jusqu'ici *stricto sensu* par la jurisprudende. Celle-ci prétend que ces conventions ne règlent en aucune façon la question de compétence et arrive ainsi à en modifier complètement le sens. Il semble que ce soit à tort. Un artifice d'argumentation ne peut faire prévaloir des solutions exactement contraires au texte même des conventions.

Il est nécessaire que la législation du travail soit claire et accessible à tous. Le patron et l'ouvrier doivent savoir, sans longues recherches, non seulement quel est le régime d'indemnisation en cas d'accident, mais quel doit être le régime d'assurance en prévision de l'accident. Cette deuxième question précède même toujours la première et en commande la solution. C'est pourquoi il convient tout spécialement de se rappeler la remarque de M. Niboyet qui estime que la question de la condition de l'étranger doit toujours être posée avant celle du conflit de lois. Si la première est convenablement résolue, il est rare que la seconde subsiste.

Il est par conséquent d'un grand intérêt, bien que ce ne soit plus qu'à titre rétrospectif, d'examiner et de critiquer les solutions de la jurisprudence qui, dans ce domaine déjà touffu, n'ont amené que de la confusion. Voyons d'abord les passages importants des conventions dont le sens donne lieu à controverse.

La convention franco-belge du 14 juin 1906

Voici les 4 premiers articles de la convention franco-belge.

« *Article premier.* — Les sujets belges victimes d'accidents du travail en France, ainsi que leurs ayants droit, seront admis au bénéfice des indemnités et garanties attribuées aux citoyens français par la législation en vigueur sur les responsabilités des accidents du travail.

« Par réciprocité, les citoyens français victimes d'accidents du travail en Belgique, ainsi que leurs ayants droit, seront admis au bénéfice des indemnités et garanties attribuées aux sujets belges par la législation en vigueur sur la réparation des dommages résultant des accidents du travail.

« *Article 2.* — Il sera toutefois fait exception à cette règle lorsqu'il s'agira de personnes détachées à titre temporaire et occupées depuis moins de six mois sur le territoire de celui des deux Etats contractants où l'accident est survenu, mais faisant partie d'une entreprise établie sur le territoire de l'autre Etat. Dans ce cas, les intéressés n'auront droit qu'aux indemnités et garanties prévues par la législation de ce dernier Etat. Il en sera de même pour les personnes attachées à des entreprises de transports et occupées de façon intermittente, même habituelle, dans le pays autre que celui où les entreprises ont leur siège.

« *Article 3.* — Les exemptions prononcées en matière de timbre, de greffe et d'enregistrement et la délivrance gratuite stipulée par la législation belge sur les accidents du travail sont étendues aux actes, certificats et documents visés par cette législation, qui seront passés ou délivrés aux fins d'exécution de la loi française.

Réciproquement, les exemptions prononcées à la délivrance gratuite stipulée par la législation française sont étendues aux actes, certificats et documents visés par cette législation, qui seront passés ou délivrés aux fins d'exécution de la loi belge.

« *Article* 4. — Les autorités françaises et belges se prêteront mutuellement leurs bons offices en vue de faciliter de part et d'autre l'exécution des lois relatives aux accidents du travail ».

Le sens de ces deux conventions a été précisé par la jurisprudence, aussi bien en France qu'à l'étranger.

Les décisions du tribunal de paix d'Anvers le 7 avril 1909 et du tribunal de première instance d'Anvers (Ch. temp.) le 30 juillet 1910[1] distinguent très nettement deux questions :

1° celle des droits de l'ouvrier belge en France;

2° celle de la compétence judiciaire applicable au règlement de ces droits.

La première seule de ces questions, fait remarquer l'annotateur, est réglée par la convention franco-belge du 21 février, la seconde l'est par la convention sur la compétence du 8 juillet 1899. Le tribunal qui a fait aussi cette remarque, en a déduit la conclusion suivante :

« La convention franco-belge du 21 février 1806, qui ne contient aucune disposition relative à la loi applicable n'a eu pour objet que de supprimer au regard des Belges les dispositions restrictives des lois françaises concernant la réparation des accidents du travail, dont sont victimes, en France, les ouvriers étrangers.

« L'obligation de réparer le préjudice causé, qui a sa source dans le contrat de travail contracté sous la condition sus-

1. *Revue de droit international privé*, 1911, p. 723.

pensive que l'employé sera victime d'un accident du travail, est née, non point où la condition s'est accomplie, mais où le contrat s'est formé (solution du tribunal civil).

« L'obligation de réparer le préjudice ayant sa source dans le contrat de travail conclu en Belgique, c'est donc la loi belge qui est applicable ».

Singulier jugement au sujet duquel nous partageons entièrement le point de vue de la *Revue* (belge) *des accidents du travail et des questions de droit industriel* (1911, p. 91).

« C'est par erreur, selon nous, que le tribunal fait application des art. 26. al. 1 de la loi du 24 décembre 1903 (*Ann. de lég.*, etc., 1904, p. 294) 42 et 52, 3° de la loi du 25 mars 1876 sur la compétence. La recherche du point de savoir où le contrat a été conclu, où il doit être exécuté, question si bien mise en lumière par Loubat (*Les accidents du travail en Droit international*, p. 28 et s.), n'eût présenté d'intérêt qu'à défaut d'une convention avec la France ou sinon celle-ci n'aurait aucune raison d'être. Quand un patron français fait venir un ouvrier anversois en France pour le faire travailler dans son usine et que c'est dans cette usine que l'accident survient, c'est la loi française qui doit être appliquée, puisque cet ouvrier, ne se trouvant pas dans le cas des exceptions prévues à l'art. 2 de la convention, est assimilé à un citoyen français. D'après la loi française du 31 mars 1905 (art. 15, al. 7 et art. 17), c'est le tribunal du lieu où l'accident s'est produit qui est compétent. Le tribunal d'Anvers eut dû se déclarer incompétent et renvoyer les parties devant le tribunal du lieu de l'accident, lequel eût appliqué la loi française ».

Ce dernier point de vue nous paraît celui du bon sens. La décision du tribunal, en effet, nous amène à formuler la solution suivante : Un sujet belge victime d'un accident du travail en France, n'est pas admis au bénéfice des indemnités et des garanties attribuées aux citoyens français par la législation en vigueur sur les responsabilités des accidents du travail, bien qu'il ne soit pas détaché à titre temporaire d'une entreprise belge, et occupé en France depuis moins de six mois. N'est-ce pas en contradiction avec les termes mêmes de la convention franco-belge ?

L'ouvrier belge Edouard Lefebvre a été victime d'un accident en France à Gorcy, alors qu'il travaillait depuis moins de six mois pour la société luxembourgeoise Wurth.

Evidemment l'art. 1 de la convention franco-belge s'applique à Wurth, mais l'art. 2 de cette même convention ne s'applique pas à lui puisqu'il ne faisait pas partie d'une entreprise établie sur le territoire belge. D'autre part, l'art. 2 de la convention franco-luxembourgeoise s'appliquerait bien à l'espèce, mais l'art. 1 ne s'y applique évidemment pas. Le tribunal de Nancy, respectant donc ici strictement le texte des conventions, a estimé que Lefebvre relevait de la loi du 9 avril 1898 soit en vertu de l'art. 1 de la convention franco-belge, soit en vertu du droit commun, cette loi étant d'ordre public et régissant en France les sociétés étrangères de même que les ouvriers étrangers.

Mais le même jugement fait mention que l'intimé, d'après des renseignements recueillis auprès des autorités du grand-duché, reçoit paiement des indemnités prévues par la loi de ce pays du 5 avril 1902. Ainsi, il faut croire que les tribunaux luxembourgeois ont cherché à appliquer l'esprit des deux conventions. Se basant sur le fait que les *personnes* détachées à titre temporaire et occupées depuis moins de six mois en France, mais faisant partie d'une entreprise luxembourgeoise, auraient droit aux indemnités prévues par le grand-duché, ils ont sans doute pensé que le mot « personnes » ne se rattachait pas uniquement aux « sujets luxembourgeois » dont il est question dans le premier paragraphe et ont accordé le bénéfice de la loi luxembourgeoise.

Lefebvre a donc pu cumuler les deux rentes grâce à ces interprétations divergentes ? Non, car la cour de Nancy a interdit le cumul et décidé d'imputer la rente luxembourgeoise sur la rente française. Que penser d'une solution qui admet le principe de la double réparation d'un même dommage ? On peut voir d'ailleurs que le texte de Genève, qui a, en somme, repris les textes franco-belge et franco-luxembourgeois pour en faire un texte international, n'aurait pas donné lieu à cette difficulté. Ceci souligne une lacune qui a existé dès la conclusion de la seconde convention. Un troisième texte eût été utile, sinon pour justifier pleinement l'interprétation luxembourgeoise, du moins pour exclure la solution du tribunal de Nancy. Il importe en effet au plus haut point que les entreprises sachent quelles obligations leur sont imposées. Les obligations que l'entrepreneur ne peut prévoir risquent bien souvent d'être prélevées sur le bénéfice. Qu'advient-il en effet dans des cas analogues à celui qui a été évoqué à la cour de Nancy ? Pour un accident survenu le 20 octobre 1919, la Société luxembourgeoise n'a connu exactement ses engagements qu'après la décision de Nancy, le 8 juin 1921. Il est probable que la Société était assurée selon la loi luxembourgeoise. Le supplément de rente à payer d'après la loi française a donc dû incomber entièrement à l'entrepreneur qui n'avait vraisemblablement plus alors aucun moyen de tenir compte de cette surcharge pour modifier son prix de revient.

Il en avait été très probablement de même, lorsque le 10 février 1906, la même Cour de Nancy (Clunet, 1907 p. 1.056) avait, dans un cas analogue, accordé à un ouvrier belge au service d'une entreprise luxembourgeoise, le bénéfice du total des indemnités prévues par la loi de 1898 alors que cet ouvrier touchait déjà une indemnité en Luxembourg à l'occasion du même accident. L'arrêt a pu être tout à fait correct au point de vue juridique, il décèle cependant une grave lacune dans les relations internationales en matière d'assurance accidents.

Il est hors de doute que les rédacteurs de la Convention de Genève ont voulu porter remède à cet état de choses et définir d'une façon précise la condition des étrangers et par suite le régime de l'assurance comme celui de l'indemnisation.

Le Bureau International du Travail a ainsi réagi utilement contre l'intervention, désastreuse pour les travailleurs étrangers, des Etats dans l'assurance sociale. On ne peut qu'approuver ces efforts et noter l'importance des résultats obtenus. A eux seuls, ils justifieraient l'existence du Bureau International du Travail.

CHAPITRE X

LES TENDANCES INTERNATIONALES DE L'ASSURANCE SOCIALE

« *Le point de vue international ne peut être un point de vue politique, ou, pour mieux dire un point de vue de partisan. Il est en quelque manière un point de vue historique. Le recul de l'espace doit donner au jugement la même objectivité que le recul du temps, et beaucoup d'objectivité sera nécessaire pour construire la paix internationale.* » (Albert Thomas, rapport du Directeur, Genève, 1929.)

Après avoir ainsi passé en revue les idées générales, le domaine, le développement technique, les principes et les plus notables réalisations de l'assurance sociale, il convient de se demander s'il existe déjà, dans ce domaine, un fonds commun aux diverses nations et si une plus grande unification est possible ou même en voie de réalisation à l'heure actuelle.

On peut tout d'abord constater qu'un même élan généreux anime les représentants de presque toutes les nations représentées à Genève et il est réconfortant de lire les comptes rendus des débats des séances de la Conférence générale ou le rapport du Directeur et d'y trouver une bonne volonté et un esprit de conciliation qui font bien augurer des réalisations que l'avenir nous laisse espérer.

Un esprit loyal de collaboration des ouvriers, des employeurs et de l'Etat existe déjà à Genève et c'est un résultat dont le Président et le Directeur du Bureau international du Travail peuvent être fiers.

Personne ne discute plus les buts principaux de l'assurance sociale : l'amélioration des conditions de vie et de sécurité de la classe ouvrière, et de légères divergences n'existent plus à ce sujet que sur les moyens.

Les travaux matériels d'information et de vulgarisation du Bureau International du Travail ont préparé la tâche des diverses conférences d'une façon remarquable et dès maintenant une série de dispositions communes aux nations civilisées peuvent être mises en lumière dans le domaine de l'assurance sociale.

En ce qui concerne l'assurance accidents, le succès des conventions et des recommandations permet d'affirmer qu'il existe un taux de prestations commun aux nations parvenues à un degré à peu près analogue de développement industriel.

Une plus grande unification apparaît-elle possible ? Il ne nous le semble pas; en ce qui concerne l'organisation de l'assurance proprement dite, chaque pays paraît en effet adopter le système qui convient le mieux au caractère national. Ceci n'échappe à aucun observateur, même à ceux qui n'étudient pas par profession les sciences sociales. Ainsi M. S. Hjorth note avec raison dans le numéro de la revue *Etudes*, du 5 avril 1930 :

« Entre le système anglais basé sur la collaboration et l'organisation commerciale des compagnies d'assurances sur la vie, le système d'Etat en faveur en Allemagne ou l'initiative privée qui, sur la base de la mutualité, a révolutionné les pays scandinaves en les portant à un niveau intellectuel et social très élevé, il y a assurément des terrains à construire tout en restant nous-mêmes et sur un plan conforme au génie français ».

Une unification absolue est donc encore du domaine des mythes. Cependant des résultats déjà très importants ont pu être obtenus dès maintenant.

Les travaux des diverses conférences ont pu ainsi mettre en valeur que l'assurance des populations agricoles correspondait dans presque tous les pays à des données très différentes de celles de l'assurance industrielle. Ces deux questions ont été avec raison traitées à part. Un même désir de porter remède au fléau du chômage et de s'inspirer, dans cette lutte ingrate, de l'expérience des autres pays, est également très manifeste.

Des mesures d'exception à certaines règles générales ont été très sagement prévues en faveur de pays qui comprennent de vastes territoires très peu peuplés.

On peut dire que, dans l'ensemble, il a été inauguré à Genève, une méthode de travail très active et qui peut être extrêmement fructueuse.

On peut craindre cependant que les Etats, dont la représentation à Genève est nécessairement très importante, n'aient tendance à orienter les réformes dans un sens un peu trop conforme à leurs intérêts immédiats, un peu trop étatiste, pour dire toute notre pensée.

Nous ne voulons pas faire entendre par là que la gestion directe de l'assurance par l'Etat soit en progrès. Cette formule n'a guère triomphé véritablement qu'en Russie et si elle est parfois utilisée dans des pays très peu évolués, c'est pour éviter au contraire que les organismes autonomes ne tombent aux mains d'éléments tout à fait extrémistes. En

Italie cependant l'Etat fasciste étudierait, paraît-il, un projet d'assurance gérée directement par l'Etat.

Mais le Bureau International du Travail n'aurait-il pas des préférences pour la gestion purement autonome et ne considérerait-il pas avec méfiance le concours que l'assurance privée peut être appelée à donner à l'assurance ouvrière?

L'assurance privée n'est-elle pourtant pas en Angleterre un des éléments qui permettent à l'assurance sociale d'avoir le taux le moins coûteux ? On lui reproche le pourcentage trop élevé de ses frais d'administration. Le succès d'institutions comme la Prudential ne peut pourtant être nié.

Nous ne chercherons pas à cacher que la grosse différence pratique de fonctionnement de l'assurance publique et de l'assurance privée réside dans la rémunération des agents. Ce sont eux aussi des fonctionnaires, dit-on parfois. Encore ont-ils sur ces derniers l'avantage de n'être payés qu'en proportion des services qu'ils rendent, car la rémunération à la commission est encore très générale dans l'assurance privée.

On fait encore valoir que l'assurance privée ne souhaite pas de collaborer à l'application de l'assurance sociale et qu'en Suisse elle vient tout récemment de décliner cet honneur.

Nous comprenons fort bien cette opinion; si l'on veut imposer à l'assurance privée l'obligation d'accepter tous les risques, ses règles organiques mêmes lui défendent de collaborer avec l'Etat sur des bases qui entraîneraient sa ruine.

Enfin, on fait à l'assurance privée le grief d'avoir été incapable de valoriser les créances de ses assurés. Les partisans de l'assurance d'Etat, qui font cette objection, oublient que cette industrie a été en général soumise par l'Etat à des règles de placement tellement strictes qu'elle n'a pu échapper, par des emplois qui lui étaient interdits, à la perte d'une partie de son portefeuille. Encore a-t-elle fait de moindres pertes que les organes d'assurance plus étroitement soumis à l'Etat. Ainsi la fortune presque totale de l'assurance invalidité allemande a sombré avec la faillite du mark. Si donc ces institutions ont pu augmenter leurs prestations, c'est en hypothéquant gravement l'avenir. Cela pourra avoir des conséquences sérieuses pour le Trésor, le jour où les générations dont on a déjà escompté les versements, s'apercevront que l'assurance sociale est devenue plus chère que l'assurance privée. Nous préférons à coup sûr la méthode de cette dernière qui impose à chacun les sacrifices strictement nécessaires et transfère plutôt des réserves du passé à l'avenir que de l'avenir sur le passé !

Nous ne nous élevons cependant pas contre cette formule de l'assurance publique obligatoire lorsqu'elle répond aux aspirations nationales, comme c'est le fait en Allemagne. On conviendra cependant que cette conception, que l'on pourrait appeler « l'Assurance Unique », est bien dangereuse.

Aussi bien est-ce à un point de vue plus général que nous nous placerons pour rappeler que l'assurance sociale est et doit rester une assurance et est de ce fait soumise aux principes de fonctionnement technique de toute assurance. Celle-ci doit évidemment s'adapter aux données sociales des collectivités auxquelles elle est destinée. Une unification trop absolue apparaît comme une chimère, une étatisation trop poussée comme un mythe. Et si on cherche à donner un peu de précision à cette conception, le mythe s'évanouit et il ne subsiste que les règles immuables de la science de l'assurance : la loi des grands nombres, le calcul des probabilités, la sélection et la division des risques.

Seule, la liberté des initiatives privées appliquée à des cas individuels créera ce déterminisme des grands nombres par la voie duquel l'assurance ouvrière prendra rang parmi les institutions scientifiques de progrès social.

ANNEXE

PREMIÈRE EDITION DU

Code International de l'Assurance Sociale

Texte des conventions et recommandations du Bureau International du Travail relatives á l'assurance sociale et état de leurs rectifications.
Etat des rectifications mis à jour le 8 Avril 1930 d'après les renseignements fournis par le Bureau International du Travail.

PREMIERE SESSION (WASHINGTON 29 octobre-29 novembre 1919.)

CONVENTION

CHOMAGE. — (Date d'entrée en vigueur initiale : 14 juillet 1921).

Ratifications communiquées et date d'enregistrement (par. 7). — Afrique du Sud, 20-2-24; Allemagne, 6-6-25; Autriche, 12-6-24; Bulgarie, 14-2-22, Danemark, 13-10-21; Espagne, 4-7-23; Estonie, 20-12-22; Finlande; 19-10-21; France, 25-8-25; Grande-Bretagne, 14-7-21; Grèce, 19-11-20; Hongrie, 1-3-28; Inde, 14-7-21; Etat libre d'Irlande, 4-9-25; Italie, 10-4-23; Japon, 23-11-22; Luxembourg, 16-4-28; Norvège, 23-11-21; Pologne, 21-6-24; Roumanie, 13-6-21; Suède, 27-9-21; Suisse, 9-10-22; Yougoslavie, 1-4-27.

Décision de l'autorité compétente (par. 7) et date de cette décision.

Consentement : Pays-Bas (loi réservant à la Couronne le droit de ratifier), 30-4-27.

Autres décisions, ajournements, etc. : Siam, 1922; Vénézuéla, 11-7-25.

Etats ayant officiellement déclaré qu'ils ont soumis la convention à « l'autorité compétente » (par. 5) et date de la soumission. — 1° *En proposant la ratification* : Argentine, 17-9-20; Belgique (projet devenu caduc), 16-3, 21; Brésil, 1920; Chili, 7-8-24; Cuba, 11-6-23; Lettonie, 26-4-23; Lithua. nie (projet devenu caduc), août 1922; Paraguay, 24-5-26; Tchécoslovaquie, 22-12-20; Uruguay, 11-9-25.

2° *Sans aucune proposition* : Canada, 28-5-21; Nouvelle-Zélande, 11-11-20.

Etats qui, sans avoir officiellement indiqué qu'ils avaient soumis la convention à l'autorité compétente ont fait connaître d'autres mesures. — Albanie, Australie, Colombie, Guatémala, Haïti, Nicaragua, Panama, El Salvador.

Etats qui n'ont communiqué officiellement aucune information. — Bolivie Chine, Rép. Dominicaine, Ethiopie, Honduras, Libéria, Pérou, Perse, Portugal.

PROJET DE CONVENTION CONCERNANT LE CHOMAGE.

La Conférence générale de l'Organisation internationale du Travail de la Société des Nations,

Convoquée à Washington par le Gouvernement des Etats-Unis d'Amérique, le 29 octobre 1919,

Après avoir décidé d'adopter diverses propositions « relatives aux moyens de prévenir le chômage et de remédier à ses conséquences », question formant le deuxième point de l'ordre du jour de la Conférence tenue à Washington, et

Après avoir décidé que ces propositions seraient rédigées sous forme d'un projet de convention internationale,

adopte le projet de convention ci-après à ratifier par les Membres de l'Organisation internationale du Travail, conformément aux dispositions de la partie relative au Travail du Traité de Versailles du 28 juin 1919, et du Traité de Saint-Germain du 10 septembre 1919 :

ART. 1. — Chaque Membre ratifiant la présente convention communiquera au Bureau International du Travail, à des intervalles aussi courts que possible et qui ne devront pas dépasser trois mois, toute information disponible, statistique ou autre, concernant le chômage, y compris tous renseignements sur les mesures prises ou à prendre en vue de lutter contre le chômage. Toutes les fois que ce sera possible, les informations devront être recueillies de telle façon que communication puisse en être faite dans les trois mois suivant la fin de la période à laquelle elles se rapportent.

ART. 2. — Chaque membre ratifiant la présente convention devra établir un système de bureaux publics de placement gratuit placé sous le contrôle d'une autorité centrale. Des comités qui devront comprendre des représentants des patrons et des ouvriers seront nommés et consultés pour tout ce qui concerne le fonctionnement de ces bureaux.

Lorsque coexistent des bureaux gratuits publics et privés, des mesures devront être prises pour coordonner les opérations de ces bureaux sur un plan national.

Le fonctionnement des différents systèmes nationaux sera coordonné par le Bureau International du Travail, d'accord avec les pays intéressés.

ART. 3. — Les membres de l'Organisation internationale du Travail qui ratifieront la présente convention et qui ont établi un système d'assurance contre le chômage devront, dans les conditions arrêtées d'un commun accord entre les Membres intéressés, prendre des arrangements permettant à des travailleurs ressortissant à l'un de ces Membres et travaillant sur le territoire d'un autre de recevoir des indemnités d'assurance égales à celles touchées par les travailleurs ressortissant à ce deuxième Membre.

Art. 4. — Les ratifications officielles de la présente convention dans les conditions prévues à la Partie III du Traité de Versailles, du 28 juin 1919, et du Traité de Saint-Germain du 10 septembre 1919, seront communiquées au Secrétaire général de la Société des Nations et par lui enregistrées.

Art. 5. — Tout Membre de l'Organisation internationale du Travail qui ratifie la présente convention s'engage à l'appliquer à celles de ses colonies ou possessions ou à ceux de ses protectorats qui ne se gouvernent pas pleinement eux-mêmes, sous les réserves suivantes :

a) que les dispositions de la convention ne soient pas rendues inapplicables par les conditions locales;

b) que les modifications qui seraient nécessaires pour adapter la convention aux conditions locales puissent être introduites dans celle-ci.

Chaque Membre devra notifier au Bureau International du Travail sa décision en ce qui concerne chacune de ses colonies ou possessions ou chacun de ses protectorats ne se gouvernant pas pleinement eux-mêmes.

Art. 6. — Aussitôt que les ratifications de trois membres de l'Organisation internationale du Travail auront été enregistrées au Secrétariat, le Secrétaire général de la Société des Nations notifiera ce fait à tous les Membres de l'Organisation internationale du Travail.

Art. 7. — La présente convention entrera en vigueur à la date où cette notification aura été effectuée par le Secrétaire général de la Société des Nations; elle ne liera que les Membres qui auront fait enregistrer leur ratification au Secrétariat. Par la suite, cette convention entrera en vigueur au regard de tout autre Membre à la date où la ratification de ce Membre aura été enregistrée au Secrétariat.

Art. 8. — Tout Membre qui ratifie la présente convention s'engage à appliquer ses dispositions au plus tard le 1er juillet 1921 et à prendre telles mesures qui seront nécessaires pour rendre effectives ces dispositions.

Art. 9. — Tout Membre ayant ratifié la présente convention peut la dénoncer à l'expiration d'une période de dix années après la date de la mise en vigueur initiale de la convention, par un acte communiqué au Secrétaire général de la Société des Nations et par lui enregistré. La dénonciation ne prendra effet qu'une année après avoir été enregistrée au Secrétariat.

ART. 10. — Le Conseil d'administration du Bureau International du Travail devra, au moins une fois par dix années, présenter à la Conférence générale un rapport sur l'application de la présente convention et décidera s'il y a lieu d'inscrire à l'ordre du jour de la Conférence la question de la revision ou de la modification de la dite convention.

ART. 11. — Les textes français et anglais de la présente convention feront foi l'un et l'autre.

PREMIERE SESSION (WASHINGTON, 29 octobre-29 novembre 1919.)

RECOMMANDATION

CHOMAGE. — Communication des mesures prises au Secrétaire général de la Société des Nations et date de la Communication (par. 6). — Allemagne, 25-10-26; Australie (le premier Ministre d'Australie a communiqué au Secrétaire général de la Société des Nations les informations qui lui ont été fournies par certains Etats du Commonwealth au sujet des mesures donnant effet aux recommandations : Australie occidentale, 29-5-25; Nouvelle-Galles du Sud, 1-5-25; Tasmanie, 1925, 10-6-27; Victoria, 1-5-25; Queensland, 2-7-25); Belgique, 16-6-21; Bulgarie, 10-2-22; Danemark, 15-7-21; Espagne, 4-7-21; Estonie, 15-5-26; Finlande, 22-3-21; France, 25-1-21; Grande-Bretagne, 10-9-21; Inde, 12-7-21; Italie, 12 7-21; Japon, 4-8-26; Norvège, 31-5-21; Nouvelle-Zélande, 4-8-21; Pays Bas, 17-5-21; Pologne, 26-7-21; Roumanie, 31-5-21; Siam, 10-5-22; Suède 3-6-21, 3-10-21; Suisse, août 1923, 16-1-26.

Etats ayant indiqué officiellement que les recommandations ont été soumises à « l'autorité compétente » (par. 5) et date de la soumission : Afrique du Sud, 1921; Argentine, 17-9-20; Autriche, 1927; Brésil, 1920; Canada, 28-5-21; Chili, 7-8-24; Cuba, 17-1-22; Hongrie, 13-3-24; Lithuanie (projet devenu caduc) ; août 1922; Vénézuéla, 1920.

Etats ayant communiqué d'autres renseignements officiels : Albanie, Grèce Haïti, Lettonie, Luxembourg, Panama, Tchécoslovaquie, Uruguay, Yougoslavie.

Etats qui n'ont communiqué aucune information officielle : Bolivie, Chine Colombie, Rép. Dominicaine, Ethiopie, Guatémala, Honduras, Etat libre d'Irlande, Libéria, Nicaragua, Paraguay, Pérou, Perse, Portugal, El Salvador.

RECOMMANDATIONS CONCERNANT LE CHOMAGE.

La Conférence générale de l'Organisation internationale du Travail de la Société des Nations,

Convoquée à Washington par le Gouvernement des Etats-Unis d'Amérique, le 29 octobre 1919,

Après avoir décidé d'adopter diverses propositions « relatives aux moyens de prévenir le chômage et de remédier à ses conséquences », question formant le deuxième point de l'ordre du jour de la Conférence tenue à Washington, et

Après avoir décidé de rédiger ces propositions sous forme de recommandation,

adopte la recommandation ci-après qui sera soumise à l'examen des Membres de l'Organisation internationale du Travail, en vue de lui faire porter effet sous forme de loi nationale ou autrement, conformément aux dispositions de la partie relative au Travail du Traité de Versailles du 28 juin 1919, et du Traité de Saint-Germain du 10 septembre 1919 :

I

La Conférence générale recommande que chaque Membre de l'Organisation internationale du Travail prenne des mesures pour interdire la création de bureaux de placement payants ou d'entreprises commerciales de placement.

En ce qui concerne les bureaux déjà existants, la Conférence recommande que leur fonctionnement soit subordonné à l'octroi de licences délivrées par le Gouvernement et que toutes mesures soient prises afin de les supprimer dès que possible.

II

La Conférence générale recommande aux Membres de l'Organisation internationale du Travail que le recrutement collectif de travailleurs dans un pays, en vue de leur emploi dans un autre, ne puisse avoir lieu qu'après entente entre les pays intéressés et après consultation des patrons et des ouvriers appartenant, dans chaque pays, aux industries intéressées.

III

La Conférence générale recommande que chaque Membre de l'Organisation internationale du Travail organise un système effectif d'assurance contre le chômage, soit au moyen d'une institution du Gouvernement, soit en accordant des subventions du Gouvernement aux associations dont les statuts prévoient en faveur de leurs membres le paiement d'indemnités de chômage.

IV

La Conférence générale recommande que chaque Membre de l'Organisation internationale du Travail coordonne l'exécution des travaux entrepris pour le compte de l'autorité publique et réserve autant que possible ces travaux pour les périodes de chômage et pour les régions particulièrement affectées par ce phénomène.

PREMIERE SESSION (WASHINGTON, 29 octobre-29 novembre 1919.)

RECOMMANDATION

RECIPROCITE DE TRAITEMENT. — Communication des mesures prises au Secrétaire général de la Société des Nations et date de la communication (par. 6). — Allemagne, 25-10-26; Australie (le Premier Ministre d'Australie a communiqué au Secrétaire général de la Société des Nations les informations qui lui ont été fournies par certains Etats du Commonwealth au sujet des mesures donnant effet aux recommandations : Australie occidentale, 29-5-25; Nouvelle-Galles du Sud, 1-5-25; Tasmanie, 1925; 10-6-27; Victoria, 1-5-25; Queensland, 2-7-25); Belgique, 16-6-21; Bulgarie, 10-2-22; Chili, 1-7-21; Danemark, 15-7-21; Espagne, 4-7-21; Estonie, 15-5-26; Finlande, 22-3-21; France, 25-1-21; Inde, 12-7-21; Italie, 12-7-21; Japon, 4-8-26; Norvège, 31-5-21; Nouvelle-Zélande, 4-8-21; Pays-Bas, 17-5-21; Pologne, 26-7-21; Roumanie, 31-5-21; Siam, 10-5-22; Suède, 3-6-21, 3-10-21; Suisse, août 1923, 16-1-26.

Etats ayant indiqué officiellement que les recommandations ont été soumises à « l'autorité compétente » (par. 5) et date de la soumission. — Afrique du Sud, 1921; Argentine, 17-9-20; Autriche, 1927; Brésil, 1920; Canada, 28-5-21; Cuba, 17-1-22; Grande-Bretagne, 1920; Hongrie, 13-3-24; Lithuanie (projet devenu caduc), août 1922; Vénézuéla, 1920.

Etats ayant communiqué d'autres renseignements officiels : Albanie, Grèce, Haïti, Lettonie, Luxembourg, Panama, Tchécoslovaquie, Uruguay, Yougoslavie.

Etats qui n'ont communiqué aucune information officielle : Bolivie, Chine, Colombie, Rép. Dominicaine, Ethiopie, Guatémala, Honduras, Etat libre d'Irlande, Libéria, Nicaragua, Paraguay, Pérou, Perse, Portugal, El Salvador.

RECOMMANDATION CONCERNANT LA RÉCIPROCITÉ DE TRAITEMENT DES TRAVAILLEURS ÉTRANGERS.

La Conférence générale de l'Organisation internationale du Travail de la Société des Nations,

Convoquée à Washington par le Gouvernement des Etats-Unis d'Amérique, le 29 octobre 1919,

Après avoir décidé d'adopter diverses propositions « relatives aux moyens de prévenir le chômage et de remédier à ses conséquences », question formant le deuxième point de l'ordre du jour de la session de la Conférence tenue à Washington, et

Après avoir décidé de rédiger ces propositions sous forme de recommandation,

adopte la recommandation ci-après, qui sera soumise à l'examen des Membres de l'Organisation internationale du Travail, en vue de lui faire porter effet sous forme de loi nationale ou autrement, conformément aux dispositions de la partie relative au Travail du Traité de Versailles du 28 juin 1919, et du Traité de Saint-Germain du 10 septembre 1919.

La Conférence générale recommande que chaque Membre de l'Organisation internationale du Travail assure, sur la base de la réciprocité, dans les conditions arrêtées d'un commun accord entre les pays intéressés, aux travailleurs étrangers occupés sur son territoire et à leurs familles, le bénéfice des lois et règlements de protection ouvrière, ainsi que la jouissance du droit d'association reconnu dans les limites de la légalité à ses propres travailleurs.

PREMIERE SESSION (WASHINGTON, 29 octobre-29 novembre 1919.)

CONVENTION

ACCOUCHEMENT. — (Date d'entrée en vigueur initiale : 13 juin 1921.)

Ratifications communiquées et date d'enregistrement (par. 7). — Allemagne, 31-10-27; Bulgarie, 14-2-22; Chili, 15-9-25; Cuba, 6-8-28; Espagne, 4-7-23; Grèce, 19-11-20; Hongrie, 19-4-28; Lettonie, 3-6-26; Luxembourg, 16-4-28; Roumanie, 13-6-21; Yougoslavie, 1-4-27.

Décision de l'autorité compétente (par. 7) **et date de cette décision.** — *Consentement* : Italie, 18-4-22.

Rejet : Grande-Bretagne, 1921; Suisse, 3-2-22.

Autres décisions, ajournements, etc. : Finlande, 1922; Japon, 6-7-21; Norvège, 27-6-27; Siam, 1922; Suède, 15-6-21; Vénézuéla, 11-7-25.

Etats ayant officiellement déclaré qu'ils ont soumis la convention à « l'autorité compétente » (par. 5) **et date de la soumission.** — 1° *En proposant la ratification* : Argentine, 17-9-20; Belgique (projet devenu caduc), 16-3-21; Brésil, 1920; Danemark (projet devenu caduc), 3-12-24; Lithuanie (projet devenu caduc), août 1922; Paraguay, 24-5-26; Pologne, 30-8-23; Tchécoslovaquie, 22-12-20; Uruguay, 11-9-25.

2° *En proposant d'ajourner ou de réserver la ratification* : Autriche, 1927; France, 10-1-29; Etat libre d'Irlande, 30-4-25; Pays-Bas (projet retiré), 21-7-21.

3° *Sans aucune proposition* : Afrique du Sud, 1921; Canada, 28-5-21; Nouvelle-Zélande, 11-11-20.

Etats qui, sans avoir officiellement indiqué qu'ils avaient soumis la convention à l'autorité compétente ont fait connaître d'autres mesures. — Albanie, Australie, Chine, Colombie, Estonie, Guatémala, Haïti, Inde, Nicaragua, Panama, Portugal, El Salvador.

Etats qui n'ont communiqué officiellement aucune information : Bolivie, Rép. Dominicaine, Ethiopie, Honduras, Libéria, Pérou, Perse.

PROJET DE CONVENTION CONCERNANT L'EMPLOI DES FEMMES AVANT ET APRÈS L'ACCOUCHEMENT.

La Conférence générale de l'Organisation internationale du Travail de la Société des Nations,

Convoquée à Washington par le Gouvernement des Etats-Unis d'Amérique, le 29 octobre 1919,

Après avoir décidé d'adopter diverses propositions « relatives à l'emploi des femmes avant ou après l'accouchement (y compris la question de l'indemnité de maternité) », question comprise dans le troisième point de l'ordre du jour de la session de la Conférence tenue à Washington, et

Après avoir décidé que ces propositions seraient rédigées sous forme d'un projet de convention internationale,

adopte le projet de convention ci-après à ratifier par les Membres de l'Organisation internationale du Travail, conformément aux dispositions de la partie relative au Travail du Traité de Versailles du 28 juin 1919, et du Traité de Saint-Germain du 10 septembre 1919 :

ART. PREMIER. — Pour l'application de la présente convention, seront considérés comme « établissements industriels », notamment :

a) les mines, carrières et industries extractives de toute nature;

b) les industries dans lesquelles des produits sont manufacturés, modifiés, nettoyés, réparés, décorés, achevés, préparés pour la vente, ou dans lesquelles les matières subissent une transformation; y compris la construction des navires, les industries de démolition de matériel, ainsi que la production, la transformation et la transmission de la force motrice en général et de l'électricité;

c) la construction, la reconstruction, l'entretien, la réparation, la modification ou la démolition de tous bâtiments et édifices, chemins de fer, tramways, ports, docks, jetées, canaux, installations pour la navigation intérieure, routes, tunnels, ponts, viaducs, égouts collecteurs, égouts ordinaires, puits, installations télégraphiques ou téléphoniques, installations électriques, usines à gaz, distribution d'eau ou autres travaux de construction, ainsi que les travaux de préparation et de fondation précédant les travaux ci-dessus;

d) le transport de personnes ou de marchandises par route, voie ferrée ou voie d'eau, maritime ou intérieure, y compris la manutention des marchandises dans les docks, quais, wharfs et entrepôts, à l'exception du transport à la main.

Pour l'application de la présente convention sera considéré comme

« etablissement commercial » tout lieu consacré à la vente des marchandises ou à toute opération commerciale.

Dans chaque pays, l'autorité compétente déterminera la ligne de démarcation entre l'industrie et le commerce, d'une part, l'agriculture, d'autre part.

Art. 2. — Pour l'application de la présente convention, le terme « femme » désigne toute personne du sexe féminin, quel que soit son âge ou sa nationalité, mariée ou non, et le terme « enfant » désigne tout enfant, légitime ou non.

Art. 3. — Dans tous les établissements industriels ou commerciaux, publics ou privés, ou dans leurs dépendances, à l'exception des établissements où sont seuls employés les membres d'une même famille une femme

a) ne sera pas autorisée à travailler pendant une période de six semaines après ses couches;

b) aura le droit de quitter son travail, sur production d'un certificat médical déclarant que ses couches se produiront probablement dans un délai de six semaines;

c) recevra, pendant toute la période où elle demeurera absente, en vertu des paragraphes *a*) et *b*), une indemnité suffisante pour son entretien et celui de son enfant dans de bonnes conditions d'hygiène, ladite indemnité, dont le montant exact sera fixé par l'autorité compétente dans chaque pays, sera prélevée sur les fonds publics ou sera fournie par un système d'assurance. Elle aura droit, en outre, aux soins gratuits d'un médecin ou d'une sage-femme. Aucune erreur de la part du médecin ou de la sage-femme dans l'estimation de la date de l'accouchement, ne pourra empêcher une femme de recevoir l'indemnité à laquelle elle a droit à compter de la date du certificat médical jusqu'à celle à laquelle l'accouchement se produira;

d) aura droit dans tous les cas, si elle allaite son enfant, à deux repos d'une demi-heure pour lui permettre l'allaitement.

Art. 4. — Au cas où une femme s'absente de son travail, en vertu des paragraphes *a*) et *b*) de l'article 3 de la présente convention ou en demeure éloignée pendant une période plus longue, à la suite d'une maladie attestée par certificat médical comme résultant de sa grossesse ou de ses couches, et qui la met dans l'incapacité de reprendre son travail, il sera illégal pour son patron, jusqu'à ce que son absence ait atteint une durée maximum fixée par l'autorité compétente de chaque pays, de lui signifier son congé durant ladite absence, ou à une date telle que le délai de préavis expirerait pendant que dure l'absence susmentionnée.

Art. 5. — Les ratifications officielles de la présente convention, dans les conditions prévues à la Partie XIII du Traité de Versailles du 28 juin 1919, et du Traité de Saint-Germain du 10 septembre 1919, seront communiquées au Secrétaire général de la Société des Nations et par lui enregistrées.

Art. 6. — Tout Membre de l'Organisation internationale du Travail qui ratifie la présente convention s'engage à l'appliquer à ce les de ses colonies ou possessions ou à ceux de ses protectorats qui ne se gouvernent pas pleinement eux-mêmes, sous les réserves suivantes :

a) que les dispositions de la convention ne soient pas rendues inapplicables par les conditions locales;

b) que les modifications qui seraient nécessaires pour adapter la convention aux conditions locales puissent être introduites dans celle-ci.

Chaque Membre devra notifier au Bureau International du Travai- sa décision en ce qui concerne chacune de ses colonies ou possessions ou chacun de ses protectorats ne se gouvernant pas pleinement eux-mêmes.

Art. 7. — Aussitôt que les ratifications de deux Membres de l'Organisation internationale du Travail auront été enregistrées au Secrétariat, le Secrétaire général de la Société des Nations notifiera ce fai- à tous les Membres de l'Crganisation internationale du Travail.

Art. 8. — La présente convention entrera en vigueur à la date où cette notification aura été effectuée par le Secrétaire général de la Société des Nations; elle ne liera que les Membres qui auront fait enregistrer leur ratification au Secrétariat. Par la suite, la présenta convention entrera en vigueur au regard de tout autre Membre à la date où la ratification de ce Membre aura été enregistrée au Secrétariat.

Art. 9. — Tout Membre qui ratifie la présente convention s'engage à appliquer ses dispositions au plus tard le 1er juillet 1922 et à prendre telles mesures qui seront nécessaires pour rendre effectives ces dispositions.

Art. 10. — Tout Membre ayant ratifié la présente convention peut la dénoncer à l'expiration d'une période de dix années après la date de la mise en vigueur initiale de la convention, par un acte communiqué au Secrétaire général de la Société des Nations et par lui enregistré. La dénonciation ne prendra effet qu'une année après avoir été enregistrée au Secrétariat.

Art. 11. — Le Conseil d'administration du Bureau International du Travail devra, au moins une fois par dix années, présenter à la

Conférence générale un rapport sur l'application de la présente convention et décidera d'inscrire à l'ordre du jour de la Conférence la question de la revision ou de la modification de la dite convention.

Art. 12. — Les textes français et anglais de la présente convention feront foi l'un et l'autre.

DEUXIEME SESSION (GENES, 15 juin-10 juillet 1920.)

RECOMMANDATION

ASSURANCE DES MARINS CONTRE LE CHOMAGE.

Communication des mesures prises au Secrétaire général de la Société des Nations et date de la communication (par. 6). — Allemagne, 12-8-26; Australie, 28-8-24; Bulgarie, 10-3-23; Canada, 4-6-21; Chili, 1-7-21; Estonie, 15-5-26; France, 2-4-24; Inde, 7-3-22; Italie, 5-1-22; Japon, 4-8-26; Norvège, 1-12-26; Suède, 5-7-21; Suisse, 2-3-22.

Etats ayant indiqué officiellement que les recommandations ont été soumises à « l'autorité compétente » (par. 5) et date de la soumission. — Argentine 8-9-21; Autriche, 1927; Cuba, 17-1-22; Danemark, 18-3-21; Finlande, 9-12-21; Grande-Bretagne, 8-11-21; Hongrie, 13-3-24; Lithuanie (projet devenu caduc), août 1922; Luxembourg, ; Nouvelle-Zélande, 1923; Pays-Bas, 14-2-22; Roumanie, 1922; Siam, 1922; Vénézuéla, 1922.

Etats ayant communiqué d'autres renseignements officiels : Afrique du Sud, Albanie, Belgique, Espagne, Haïti, Lettonie, Pologne, Tchécoslovaquie, Yougoslavie.

Etats qui n'ont communiqué aucune information officielle : Bolivie, Brésil, Chine, Colombie, Rép. Dominicaine, Ethiopie, Grèce, Guatémala, Honduras, Etat libre d'Irlande, Libéria, Nicaragua, Panama, Paraguay, Pérou, Perse, Portugal, El Salvador, Uruguay.

RECOMMANDATION CONCERNANT L'ASSURANCE DES MARINS CONTRE LE CHOMAGE

La Conférence générale de l'Organisation internationale du Travail de la Société des Nations,

Convoqué à Gênes par le Conseil d'administration du Bureau international du Travail, le 15 juin 1920,

Après avoir décidé d'adopter diverses propositions relatives au « contrôle des conditions d'engagement des marins; placement; conditions d'application aux marins de la convention et des recommandations faites à Washington au mois de novembre dernier au sujet du chômage et de l'assurance contre le chômage », question formant le deuxième point de l'ordre du jour de la session de la conférence tenue à Gênes, et

Après avoir décidé que ces propositions seraient rédigées sous forme de recommandation,

adopte la recommandation ci-après, qui sera soumise à l'examen des membres de l'Organisation internationale du Travail en vue de lu faire porter effet sous forme de loi nationale ou autrement, conformément aux dispositions de la Partie relative au Travail du Traité de Versailles du 28 juin 1919, du Traité de Saint-Germain du 10 septembre 1919, du Traité de Neuilly du 27 novembre 1919, du Traité du Grand Trianon du 4 juin 1920.

« La Conférence générale, dans le but d'assurer aux marins l'application de la troisième partie de la recommandation relative au chômage adoptée à Washington le 28 novembre 1919, recommande que chaque Membre de l'Organisation internationale du Travail organise pour les marins un système effectif d'assurance contre le chômage résultant de naufrage ou de toute autre cause, soit au moyen d'un régime d'assurance gouvernementale, soit au moyen de subventions accordées par le Gouvernement aux organisations professionnelles dont les statuts prévoient en faveur de leurs membres le paiement d'indemnités de chômage. »

TROISIEME SESSION (GENEVE, 25 octobre-19 novembre 1921.)

RECOMMANDATION

CHOMAGE (AGRICULTURE).

Communication des mesures prises au Secrétaire général de la Société des Nations et date de la communication (par. 6). — Australie (le premier Ministre d'Australie a communiqué au Secrétaire général de la Société des Nations les informations qui lui ont été fournies par certains Etats du Commonwealth au sujet des mesures donnant effet aux recommandations : Australie occidentale, 11-9-25; Nouvelle-Galles du Sud, 1-5-25; Queensland, 1-5-25; Tasmanie, 1-5-25; Victoria, 1-5-25); Belgique, 2-3-27; Bulgarie, 5-3-25; Estonie, 15-5-26; Finlande, 2-4-24; France, 15-4-24; Hongrie, 15-11-27; Italie, 16-1-26; Japon, 4-8-26; Norvège, 1-12-26; Pologne, 7-6-23; Siam, 21-8-22; Suède, 13-11-23; Suisse, 22-5-23, 16-1-26.

Etats ayant indiqué officiellement que les recommandations ont été soumises à « l'autorité compétente » (par. 5) et date de la soumission. — Afrique du Sud, 1923; Autriche, 1927; Brésil, 7-12-22; Canada, 23-3-23; Chili, 7-8-24; Chine, 1923; Cuba, 31-8-22; Danemark, 18-3-21; Grande-Bretagne, 9-5-23; Nouvelle-Zélande, 1923; Pays-Bas, 22-6-23; Vénézuéla, 1923.

Etats ayant communiqué d'autres renseignements officiels : Albanie, Allemagne, Espagne, Haïti, Inde, Lettonie, Lithuanie, Luxembourg, Roumanie, Tchécoslovaquie, Uruguay, Yougoslavie.

Etats qui n'ont communiqué aucune information officielle : Argentine, Bolivie Colombie, Rép. Dominicaine, Ethiopie, Grèce, Guatémala, Honduras,

Etat libre d'Irlande, Libéria, Luxembourg, Nicaragua, Panama, Paraguay, Pérou, Perse, Portugal, El Salvador.

Recommandation concernant les moyens de prévention contre le chomage dans l'agriculture.

La Conférence générale de l'Organisation internationale du Travail de la Société des Nations,

Convoquée à Genève par le Conseil d'administration du Bureau international du Travail, et s'y étant réunie le 25 octobre 1921 en sa troisième session,

Après avoir décidé d'adopter diverses propositions relatives aux moyens de prévenir le chômage dans l'agriculture, question comprise dans le troisième point de l'ordre du jour de la session, et

Après avoir décidé que ces propositions prendraient la forme d'une recommandation,

adopte la recommandation ci-après, à soumettre à l'examen des Membres de l'Organisation internationale du Travail, en vue de lui faire porter effet sous forme de loi nationale ou autrement, conformément aux dispositions de la Partie XIII du Traité de Versailles et des Parties correspondantes des autres Traités de paix :

I

La Conférence générale de l'Organisation internationale du Travail,

Considérant que, dans leurs principes, le projet de convention et les recommandations concernant le chômage adoptés à Washington s'appliquent aux travailleurs agricoles, et reconnaissant le caractère particulier du chômage dans l'agriculture,

Recommande que chaque Membre de l'Organisation internationale du Travail envisage les mesures, conformes aux conditions économiques et agricoles du pays, pour prévenir ou pour diminuer le chômage parmi les travailleurs agricoles, et qu'il examine spécialement à ce point de vue l'opportunité :

1. d'adopter des méthodes techniques modernes en vue de la culture des terres qui ne sont pas actuellement cultivées ou ne le sont que partiellement, mais qui pourraient, par de tels moyens, être rendues propres à assurer une production convenable;

2 d'encourager l'adoption des systèmes améliorés de culture en vue d'une exploitation plus intensive de la terre;

3. de développer la colonisation intérieure;

4. de faciliter par des moyens de transport appropriés, l'accès des travailleurs agricoles en chômage à des travaux ayant un caractère temporaire;

5. de développer les industries et les travaux supplémentaires susceptibles d'occuper les travailleurs agricoles qui souffrent du chômage saisonnier mais en prenant des mesures pour s'assurer que ces travaux seront effectués dans des conditions équitables;

6. de prendre des mesures en vue d'encourager la formation de coopératives d'ouvriers agricoles pour le travail de la terre et pour l'achat ou l'affermage des terrains et de prendre, dans ce but des mesures pour étendre le crédit agricole surtout en faveur des associations coopératives agricoles des travailleurs de la terre qui auront pour but de gérer les exploitations agricoles.

II

La Conférence générale recommande que chaque Membre de l'Organisation internationale du Travail adresse au Bureau International du Travail un rapport périodique sur les mesures prises pour donner suite à la recommandation ci-dessus.

TROISIEME SESSION (GENEVE, 25 octobre-19 novembre 1921.)

RECOMMANDATION

ACCOUCHEMENT (AGRICULTURE).

Communication des mesures prises au Secrétaire général de la Société des Nations et date de la communication (par. 6). — Australie (Le Premier Ministre d'Australie a communiqué au Secrétaire général de la Société des Nations les informations qui lui ont été fournies par certains Etats du Commonwealth au sujet des mesures donnant effet aux recommandations : Australie occidentale, 11-9-25; Nouvelle-Galles du Sud, 1-5-25; Tasmanie, 1-5-25; Victoria, 1-5-25); Bulgarie, 5-3-25; Estonie, 15-5-26; France, 15-4-24; Italie, 16-1-26; Japon, 4-8-26; Norvège, 1-12-26; Pologne, 7-6-23; Siam, 21-8-22; Suède, 13-11-23; Suisse, 22-5-16, 16-1-26.

Etats ayant indiqué officiellement que les recommandations ont été soumises à « l'autorité compétente » (par. 5) **et date de la soumission.** — Afrique du Sud, 1923; Autriche, 1927; Brésil, 7-12-22; Canada, 23-3-23; Chili, 7-8-24; Chine, 1923; Cuba, 31-8-22; Danemark, 6-6-22; Finlande, 20-10-22; Grande-Bretagne, 9-5-23; Hongrie, 13-3-24; Inde, 1923; Nouvelle-Zélande, 1923; Pays-Bas, 22-6-23; Vénézuéla, 1923.

Etats ayant communiqué d'autres renseignements officiels : Albanie, Allemagne,

Espagne, Haïti, Lettonie, Lithuanie, Luxembourg, Roumanie, Tchécoslovaquie, Uruguay, Yougoslavie.

Etats qui n'ont communiqué aucune information officielle : Argentine, Belgiqe, Bolivie, Colombie, Rép. Dominicaine, Ethiopie, Grèce, Guatémala, Honduras, Etat libre d'Irlande, Libéria, Luxembourg, Nicaragua, Panama, Paraguay, Pérou, Perse, Portugal, El Salvador

Recommandation concernant la protection, avant et après l'accouchement, des femmes employées dans l'agriculture.

La Conférence générale de l'Organisation internationale du Travail de la Société des Nations,

Convoquée à Genève par le Conseil d'administration du Bureau International du Travail, et s'y étant réunie le 25 octobre 1921, en sa troisième session,

Après avoir décidé d'adopter diverses propositions relatives à la protection avant et après l'accouchement des femmes salariées employées dans l'agriculture, question comprise dans le troisième point de l'ordre du jour de la session, et

Après avoir décidé que ces propositions prendraient la forme d'une recommandation,

adopte la recommandation ci-après, à soumettre à l'examen des Membres de l'Organisation internationale du Travail, en vue de lui faire porter effet sous forme de loi nationale ou autrement, conformément aux dispositions de la Partie XIII du Traité de Versailles et des Parties correspondantes des autres Traités de paix :

La Conférence générale de l'Organisation internationale du Travail recommande :

Que chaque Membre de l'Organisation internationale du Travail prenne des mesures pour assurer aux femmes salariées employées dans les entreprises agricoles une protection avant et après l'accouchement semblable à la protection accordée par le projet de convention adopté par la Conférence internationale du Travail de Washington aux femmes employées dans l'industrie et le commerce; et que ces mesures comportent le droit à une période d'absence avant et après l'accouchement et à une indemnité pendant la même période, soit à l'aide des fonds publics, soit par le moyen d'un système d'assurance.

TROISIEME SESSION (GENEVE, 25 octobre-19 novembre 1921.)

CONVENTION

REPARATION DES ACCIDENTS DU TRAVAIL (AGRICULTURE). — (Date d'entrée en vigueur initiale : 26 février 1923.)

Ratifications communiquées et date d'enregistrement (par. 7). — Allemagne, 6-6-25; Bulgarie, 6-3-25; Chili, 15-9-25; Danemark, 26-2-23; Estonie, 8-9-22; France, 4-4-28; Grande-Bretagne, 6-8-23; Etat libre d'Irlande, 17-6-24; Lettonie, 29-11-29; Luxembourg, 16-4-28; Pays-Bas, 20-8-26; Pologne, 21-6-24; Suède, 27-11-23.

Décision de l'autorité compétente (par. 7) et date de cette décision. — *Consentement* : Hongrie, 4-3-25.

Rejet : Finlande, 4-7-29.

Autres décisions, ajournements, etc. : Inde, 1923; Japon, 27-6-23; Norvège 27-6-27; Roumanie, 30-4-25; Siam, 1922; Suisse, 21-6-24; Vénézuéla 10-7-25.

Etats ayant officiellement déclaré qu'ils ont soumis la convention à « l'autorité compétente » (par. 5) et date de la soumission. — 1° *En proposant la ratification* : Argentine, 18-5-25; Cuba, 11-6-23; Espagne, 9-7-23; Grèce (projet devenu caduc), 1-6-27; Italie, 28-11-29; Uruguay, 11-9-25.

2° *En proposant d'ajourner ou de réserver la ratification* : Autriche, 1927.

3° *Sans aucune proposition* : Afrique du Sud, 1923; Brésil, 7-12-22; Canada, 23-3-23; Chine, 1923; Nouvelle-Zélande, 1923; Yougoslavie, 26-4-26.

Etats qui, sans avoir officiellement indiqué qu'ils avaient soumis la convention à l'autorité compétente, ont fait connaître d'autres mesures : Albanie, Australie, Belgique, Colombie, Haïti, Lithuanie, Panama, Tchécoslovaquie.

Etats qui n'ont communiqué officiellement aucune information : Bolivie Rép. Dominicaine, Ethiopie, Guatémala, Honduras, Libéria, Nicaragua, Paraguay, Pérou, Perse, Portugal, El Salvador.

PROJET DE CONVENTION CONCERNANT LA RÉPARATION DES ACCIDENTS DU TRAVAIL DANS L'AGRICULTURE.

La Conférence générale de l'Organisation internationale du Travail de la Société des Nations,

Convoquée à Genève par le Conseil d'administration du Bureau International du Travail, et s'y étant réunie le 25 octobre 1921, en sa troisième session,

Après avoir décidé d'adopter diverses propositions relatives à la protection des travailleurs agricoles contre les accidents, question comprise dans le quatrième point de l'ordre du jour de la session, et

Après avoir décidé que ces propositions prendraient la forme d'un projet de convention internationale,

adopte le projet de convention ci-après, à ratifier par les Membres de l'Organisation internationale du Travail, conformément aux dispositions de la Partie XIII du Traité de Versailles et des Parties correspondantes des autres Traités de paix :

ART. PREMIER. — Tout Membre de l'Organisation internationale du Travail ratifiant la présente convention s'engage à étendre à tous les salariés agricoles le bénéfice des lois et règlements ayant pour objet d'indemniser les victimes d'accidents survenus par le fait du travail ou à l'occasion du travail.

ART. 2. — Les ratifications officielles de la présente convention dans les conditions prévues à la Partie XIII du Traité de Versailles et aux Parties correspondantes des autres Traités de paix, seront communiquées au Secrétaire général de la Société des Nations et par lui enregistrées.

ART. 3. — La présente convention entrera en vigueur dès que le ratifications de deux Membres de l'Organisation internationale du Travail auront été enregistrées par le Secrétaire général.

Elle ne liera que les Membres dont la ratification aura été enregistrée au Secrétariat.

Par la suite, cette convention entrera en vigueur pour chaque Membre à la date où sa ratification aura été enregistrée au Secrétariat

ART. 4. — Aussitôt que les ratifications de deux Membres de l'Organisation internationale du Travail auront été enregistrées au Secrétariat, le Secrétaire général de la Société des Nations notifiera ce fait à tous les Membres de l'Organisation internationale du Travail. Il leur notifiera également l'enregistrement des ratifications qui lu seront ultérieurement communiquées par tous autres Membres de l'Organisation.

ART. 5. — Sous réserve des dispositions de l'article 3 tout Membre qui ratifie la présente convention s'engage à appliquer les dispositions de l'article 1, au plus tard le 1er janvier 1924, et à prendre telles mesures qui seront nécessaires pour rendre effectives ces dispositions.

ART. 6. — Tout Membre de l'Organisation internationale du Travail qui ratifie la présente convention s'engage à l'appliquer à ses colonies, possessions et protectorats, conformément aux dispositions de l'article 421 du Traité de Versailles et des articles correspondants des autres Traités de paix.

ART. 7. — Tout Membre ayant ratifié la présente convention peut la dénoncer à l'expiration d'une période de dix années après la date de la mise en vigueur initiale de la convention par un acte communiqué au Secrétaire général de la Société des Nations et par lui enregistré. La dénonciation ne prendra effet qu'une année après avoir été enregistrée au Secrétariat.

ART. 8. — Le Conseil d'administration du Bureau International du Travail devra, au moins une fois tous les dix ans, présenter un rapport sur l'application de la présente convention et décidera s'il y a lieu d'inscrire à l'ordre du jour de la Conférence la question de la revision ou de la modification de la dite convention.

ART. 9. — Les textes français et anglais de la présente convention feront foi l'un et l'autre.

TROISIEME SESSION (GENEVE, 25 octobre-19 novembre 1921)

RECOMMANDATION

ASSURANCES SOCIALES (AGRICULTURE)

Communication des mesures prises au Secrétaire général de la Société des Nations et date de la communication (par. 6). — Allemagne, 9-8-26; Australie (le Premier Ministre d'Australie a communiqué au Secrétaire général de la Société des Nations les informations qui lui ont été fournies par certains Etats du Commonwealth au sujet des mesures donnant effet aux recommandations : Australie occidentale, 11-9-25; Nouvelles-Galles du Sud, 1-5-25; Queensland, 1-5-25; Tasmanie, 1-5-25; Victoria, 1-5-25); Belgique, 2-3-27; Bulgarie, 5-3-25; Estonie, 15-5-26; France, 15-4-24; Italie, 16-1-26; Japon, 4-8-26; Norvège, 1-12-26; Pologne, 7-6-23; Siam, 21-8-22; Suède, 13-11-23; Suisse, 22-5-23; 16-1-26; Tchécoslovaquie, 24-10-25.

Etats ayant indiqué officiellement que les recommandations ont été soumises à à « l'autorité compétente » (par. 5) et date de la soumission. — Afrique du Sud, 1923; Autriche, 1927; Brésil, 7-12-22; Canada, 23-3-23; Chili, 7-8-24; Chine, 1923; Cuba, 31-8-22; Danemark, 6-6-22; Finlande, 20-10-22; Grande-Bretagne, 9-5-23; Hongrie, 13-3-24; Inde, 1923; Nouvelle-Zélande, 1923; Pays-Bas, 22-6-23; Vénézuéla, 1923.

Etats ayant communiqué d'autres renseignements officiels : Albanie, Espagne, Haïti, Lettonie, Lithuanie, Luxembourg, Roumanie, Yougoslavie.

Etats qui n'ont communiqué aucune information officielle : Argentine, Bolivie, Colombie, Rép. Dominicaine, Ethiopie, Grèce, Guatémala, Honduras, Etat libre d'Irlande, Libéria, Nicaragua, Panama, Paraguay, Pérou, Perse, Portugal, El Salvador, Uruguay.

RECOMMANDATION CONCERNANT LES ASSURANCES SOCIALES DANS L'AGRICULTURE.

La Conférence générale de l'Organisation internationale du Travail de la Société des Nations,

Convoquée à Genève par le Conseil d'administration du Bureau International du Travail, et s'y étant réunie le 25 octobre 1921 en sa troisième session,

Après avoir décidé d'adopter une proposition relative à la protection des travailleurs agricoles contre la maladie, l'invalidité et la vieillesse, question comprise dans le quatrième point de l'ordre du jour de la session, et

Après avoir décidé que cette proposition prendrait la forme d'une recommandation,

adopte la recommandation ci-après, à soumettre à l'examen des Membres de l'Organisation internationale du Travail, en vue de lui faire porter effet sous forme de loi nationale, ou autrement, conformément aux dispositions de la Partie XIII du Traité de Versailles et des Parties correspondantes des autres Traités de paix :

La Conférence générale de l'Organisation internationale du Travail recommande :

Que chaque Membre de l'Organisation internationale du Travail étende aux salariés de l'agriculture le bénéfice de ses lois et règlements instituant des systèmes d'assurance contre la maladie, l'invalidité, la vieillesse et autres risques sociaux analogues, dans des conditions équivalentes à celles qui sont faites aux travailleurs de l'industrie et du commerce.

SEPTIEME SESSION (GENEVE, 19 mai-10 juin 1925).

CONVENTION

REPARATION DES ACCIDENTS DU TRAVAIL. — Date de l'entrée en vigueur initiale : 1er avril 1927.)

Ratifications communiquées et date d'enregistrement (par. 7). — Belgique, 3-10-27; Bulgarie, 5-9-29; Cuba, 6-8-28; Espagne, 22-2-29; Hongrie, 19-4-

28; Lettonie, 29-5-28; Luxembourg, 16-4-28; Pays-Bas, 13-9-27; Portugal, 27-3-29; Suède, 8-9-26; Yougoslavie, 1-4-27.

Décision de l'autorité compétente (par. 7) et date de cette décision. — *Consentement* :

Rejet : Finlande, 4-7-29; Norvège, 27-6-27.

Autres décisions, ajournements. etc. : Italie, 12-12-27; Japon, 6-12-26; Suisse, 9-6-27; Vénézuéla, 4-6-26.

Etats ayant officiellement déclaré qu'ils ont soumis la convention à « l'autortié compétente » (par. 5) et date de la soumission. — 1° *En proposant la ratification* : Estonie, 4-11-25; France, 25-1-29; Grèce (projet devenu caduc), 9-5-27; Pologne, 12-12-26; Roumanie, 1927; Uruguay, 23-3-28.

2° *En proposant d'ajourner ou de réserver la ratification* : Autriche, 1927.

3° *En proposant de ne pas ratifier* : Grande-Bretagne, 1926.

4° *Sans aucune proposition* : Afrique du Sud, 1925; Allemagne, décembre 1926; Brésil, 1927; Canada, 31-3-27; Danemark, 1925; Inde, 1926; Etat libre d'Irlande, 28-5-26; Nouvelle-Zélande, 1927; Siam, 1927.

Etats qui, sans avoir officiellement indiqué qu'ils avaient soumis la convention à l'autorité compétente, ont fait connaître d'autres mesures : Albanie, Australie (tous les Etats à l'exception de l'Etat de Victoria), Chine, Colombie, Haïti, Nicaragua, Panama, El Salvador, Tchécoslovaquie.

Etats qui n'ont communiqué officiellement aucune information : Argentine Bolivie, Chili, Rép. Dominicaine, Ethiopie, Guatémala, Honduras, Libéria, Lithuanie, Paraguay, Pérou, Perse.

PROJET DE CONVENTION CONCERNANT LA RÉPARATION DES ACCIDENTS DU TRAVAIL.

La Conférence générale de l'Organisation internationale du Travail de la Société des Nations,

Convoquée à Genève par le Conseil d'administration du Bureau International du Travail, et s'y étant réunie le 19 mai 1925, en sa septième session,

Après avoir décidé d'adopter diverses propositions relatives à la réparation des accidents du travail, question comprise dans le premier point de l'ordre du jour de la session, et

Après avoir décidé que ces propositions prendraient la forme d'un projet de convention internationale,

adopte, ce dixième jour de juin mil neuf cent vingt-cinq, le projet de convention ci-après à ratifier par les Membres de l'Organisation internationale du Travail conformément aux dispositions de la Partie XIII du Traité de Versailles et des Parties correspondantes des autres Traités de Paix :

ART. PREMIER. — Tout Membre de l'Organisation internationale du Travail qui ratifie la présente convention, s'engage à assurer aux victimes d'accidents du travail, ou à leurs ayants droit, des conditions de réparation au moins égales à celles prévues par la présente convention.

ART. 2. — Les législations et réglementations sur la réparation des accidents du travail devront s'appliquer aux ouvriers, employés ou apprentis occupés par les entreprises, exploitations ou établissements de quelque nature qu'ils soient, publics ou privés.

Toutefois il appartiendra à chaque Membre de prévoir dans sa législation nationale telles exceptions qu'il estimera nécessaires en ce qui concerne :

a) Les personnes exécutant des travaux occasionnels étrangers à l'entreprise de l'employeur;

b) Les travailleurs à domicile;

c) les membres de la famille de l'employeur qui travaillent exclusivement pour le compte de celui-ci et qui vivent sous son toit;

d) les travailleurs non manuels dont le gain dépasse une limite qui peut être fixée par la législation nationale.

ART. 3. — Ne sont pas visés par la présente convention :

1) les marins et pêcheurs pour lesquels disposera une convention ultérieure;

2) les personnes bénéficiant d'un régime spécial au moins équivalent à celui prévu dans la présente convention.

ART. 4. — La présente convention ne s'appliquera pas à l'agriculture pour laquelle reste en vigueur la convention sur la réparation des accidents du travail dans l'agriculture, adoptée par la Conférence internationale du Travail à sa troisième session.

ART. 5. — Les indemnités dues en cas d'accidents suivis de décès ou en cas d'accidents ayant entraîné une incapacité permanente seront payées à la victime ou à ses ayants droit sous forme de rente.

Toutefois, ces indemnités pourront être payées en totalité ou en partie sous forme de capital lorsque la garantie d'un emploi judicieux sera fournie aux autorités compétentes.

ART. 6. — En cas d'incapacité, l'indemnité sera allouée au plus tard à partir du cinquième jour après l'accident, qu'elle soit due par l'employeur, par une institution d'assurance contre les accidents ou par une institution d'assurance contre la maladie.

ART. 7. — Un supplément d'indemnisation sera alloué aux victimes d'accidents atteintes d'incapacité nécessitant l'assistance constante d'une autre personne.

ART. 8. — Les législations nationales prévoieront les mesures de contrôle, ainsi que les méthodes pour la revision des indemnités, qui seront jugées nécessaires.

ART. 9. — Les victimes d'accidents du travail auront droit à l'assistance médicale et à telle assistance chirurgicale et pharmaceutique qui serait reconnue nécessaire par suite de ces accidents. Cette assistance médicale sera à la charge soit de l'employeur, soit des institutions d'assurance contre les accidents, soit des institutions d'assurance contre la maladie ou l'invalidité.

ART. 10. — Les victimes d'accidents du travail auront droit à la fourniture et au renouvellement normal, par l'employeur ou l'assureur des appareils de prothèse et d'orthopédie dont l'usage sera reconnu nécessaire. Toutefois, les législations nationales pourront admettre à titre exceptionnel le remplacement de la fourniture et du renouvellement des appareils par l'attribution à la victime de l'accident d'une indemnité supplémentaire déterminée au moment de la fixation ou de la revision du montant de la réparation et représentant le coût probable de la fourniture et du renouvellement de ces appareils.

Les législations nationales prévoieront, en ce qui concerne le renouvellement des appareils, les mesures de contrôle nécessaires, soit pour éviter les abus, soit pour garantir l'affectation des indemnités supplémentaires.

ART. 11. — Les législations nationales contiendront des dispositions qui, tenant compte des conditions particulières de chaque pays, seront le mieux appropriées pour assurer en tout état de cause le paiement de la réparation aux victimes des accidents et à leurs ayants droit et pour les garantir contre l'insolvabilité de l'employeur ou de l'assureur.

ART. 12. — Les ratifications officielles de la présente convention dans les conditions prévues à la Partie XIII du Traité de Versailles et aux Parties correspondantes des autres Traités de Paix seront communiquées au Secrétaire général de la Société des Nations et par lui enregistrées.

ART. 13. — La présente convention entrera en vigueur dès que les ratifications de deux Membres de l'Organisation internationale du Travail auront été enregistrées par le Secrétaire général.

Elle ne liera que les Membres dont la ratification aura été enregistrée au Secrétariat.

Par la suite, cette convention entrera en vigueur pour chaque Membre à la date où sa ratification aura été enregistrée au Secrétariat.

ART. 14. — Aussitôt que les ratifications de deux Membres de l'Organisation internationale du Travail auront été enregistrées au Secrétariat, le Secrétaire général de la Société des Nations notifiera ce fait à tous les Membres de l'Organisation Internationale du Travail. Il leur notifiera également l'enregistrement des ratifications qui lui seront ultérieurement communiquées par tous autres Membres de l'Organisation.

Art. 15. — Sous réserve des dispositions de l'article 13, tout Membre qui ratifie la présente convention s'engage à appliquer les dispositions des articles 1, 2, 3, 4 5, 6 7, 8, 9 10 et 11 au plus tard le 1er janvier 1927 et à prendre telles mesures qui seront nécessaires pour rendre effectives ces dispositions.

Art. 16. — Tout Membre de l'Organisation internationale du Travail qui ratifie la présente convention s'engage à l'appliquer à ses colonies, possessions ou protectorats, conformément aux dispositions de l'article 421 du Traité de Versailles et des articles correspondants des autres Traités de Paix.

Art. 17. — Tout Membre ayant ratifié la présente convention peut la dénoncer, à l'expiration d'une période de cinq années après la date de la mise en vigueur initiale de la convention, par un acte communiqué au Secrétaire général de la Société des Nations et par lui enregistré. La dénonciation ne prendra effet qu'une année après avoir été enregistrée au Secrétariat.

Art. 18. — Le Conseil d'administration du Bureau International du Travail devra, au moins une fois tous les dix ans, présenter à la Conférence générale un rapport sur l'application de la présente Convention et décidera s'il y a lieu d'inscrire à l'ordre du jour de la Conférence la question de la revision ou de la modification de la dite convention.

Art. 19. — Les textes français et anglais de la présente convention feront foi l'un et l'autre.

SEPTIEME SESSION (GENEVE, 19 mai-10 juin 1925.)

RECOMMANDATION

MONTANT MINIMUM DES INDEMNITES EN MATIERE DE REPARATION DES ACCIDENTS DU TRAVAIL.

Communication des mesures prises au Secrétaire général de la Société des Nations et date de la communication (par. 6). — Australie (tous les Etats, à l'exception de l'Etat de Victoria), septembre 1926; Belgique, 10-12-25; Bulgarie, 27-1-30; France, 8-12-26; Grande-Bretagne, 4-10-26; Inde, 9-9-26; Japon, 31-12-26; Luxembourg, 20-2-26; Norvège, 1-12-26; Pays-Bas, 12-2-27; Pologne, 15-2-27; Siam, 15-3-27; Suède, 8-9-26.

Etats ayant indiqué officiellement que les recommandations ont été soumises à « l'autorité compétente » (par. 5) et date de la soumission. — Afrique du Sud, 1925; Autriche, 1927; Brésil, 1927; Canada, 31-3-27; Cuba, 1927; Danemark, 30-1-26; Finlande, 13-3-26; Hongrie, 1927; Etat libre d'Irlande, 28-5-26; Italie, 15-12-26; Nouvelle-Zélande, 1927; Portugal, 1926; Suisse, 7-6-26.

Etats ayant communiqué d'autres renseignements officiels : Albanie, Allemagne, Estonie, Grèce, Haïti, Lettonie, Nicaragua, Roumanie, Tchécoslovaquie, Uruguay, Vénézuéla, Yougoslavie.

Etats qui n'ont communiqué aucune information officielle : Argentine, Bolivie, Chili, Chine, Colombie, Rép. Dominicaine, Espagne, Ethiopie, Guatémala, Honduras, Libéria, Lithuanie, Panama, Paraguay, Pérou, Perse, El Salvador.

RECOMMANDATION CONCERNANT LE MONTANT MINIMUM DES INDEMNITÉS EN MATIÈRE DE RÉPARATION DES ACCIDENTS DU TRAVAIL.

La Conférence générale de l'Organisation internationale du Travail de la Société des Nations,

Convoquée à Genève par le Conseil d'administration du Bureau international du Travail, et s'y étant réunie le 19 mai 1925, en sa septième session,

Après avoir décidé d'adopter diverses propositions concernant le montant minimum des indemnités en matière de réparation des accidents du travail, question comprise dans la première question à l'ordre du jour de la session, et

Après avoir décidé que ces propositions prendraient la forme d'une recommandation,

adopte, ce dixième jour de juin mil neuf cent vingt-cinq, la recommandation ci-après à soumettre à l'examen des Membres de l'Organisation internationale du Travail, en vue de lui faire porter effet sous forme de loi nationale ou autrement, conformément aux dispositions de la Partie XIII du Traité de Versailles et des Parties correspondantes des autres Traités de Paix :

La Conférence générale recommande à chaque Membre de l'Organisation internationale du Travail de prendre en considération les principes et les règles suivants :

I

En cas d'accident suivi d'incapacité de gain, les indemnités que devront accorder les législations ou réglementations nationales ne pourront être inférieures aux taux ci-après :

1) En cas d'incapacité permanente totale, à une rente correspondant aux deux tiers du salaire annuel de la victime;

2) En cas d'incapacité permanente partielle, à une fraction de la rente due en cas d'incapacité permanente totale, correspondant à la réduction de la capacité de gain causée par l'accident;

3) En cas d'incapacité temporaire totale, à une allocation journalière ou hebdomadaire égale aux deux tiers du salaire de base de la victime;

4) En cas d'incapacité temporaire partielle, à une fraction de l'allocation journalière ou hebdomadaire due en cas d'incapacité temporaire totale, correspondant à la réduction de la capacité de gain causée par l'accident.

Lorsque l'indemnisation aura lieu sous forme de somme globale, cette somme ne devra pas être inférieure à la valeur capitalisée de la rente correspondante.

II

Les victimes d'accidents atteintes d'infirmités nécessitant l'assistance constante d'une autre personne devront recevoir un supplément d'indemnisation qui ne pourra être inférieur à la moitié de l'indemnité allouée en cas d'incapacité permanente totale.

III

En cas d'accident suivi de décès, le droit à l'indemnité devra être reconnu au moins aux catégories d'ayants droit ci-après :

1) le conjoint du décédé;

2) les enfants du décédé, âgés de moins de dix-huit ans, ou sans limite d'âge s'ils sont atteints d'infirmités physiques ou mentales les rendant incapables de gain;

3) les ascendants (parents ou grands-parents) du décédé, s'ils sont sans ressources, et à la condition qu'ils aient été à la charge du décédé ou que ce dernier ait eu à leur égard une obligation d'assistance;

4) les petits-enfants et les frères et sœurs du décédé s'ils sont âgés de moins de dix-huit ans (ou sans limite d'âge s'ils sont atteints d'infirmités physiques ou mentales les rendant incapables de gain et s'ils sont orphelins ou si leurs parents vivants sont incapables d'assurer leur subsistance.

Lorsque l'indemnisation a lieu sous forme de rente, la limite maximum du total des sommes allouées annuellement à l'ensemble des ayants droit ne pourra être inférieure aux deux tiers du salaire annuel de la victime de l'accident.

Lorsque l'indemnisation a lieu sous forme de capital, la limite maximum du montant des versements en capital pour l'ensemble des ayants droit ne pourra être inférieure à la valeur capitalisée d'une rente correspondant aux deux tiers du salaire annuel de la victime de l'accident.

IV

La rééducation professionnelle des victimes des accidents du travail devra être assurée par les moyens que les législations nationales jugeront le mieux appropriés.

Les Gouvernements devront encourager les institutions poursuivant cette rééducation.

SEPTIEME SESSION (GENEVE, 19 mai-10 juin 1925.)

RECOMMANDATION

JURIDICTIONS COMPETENTES POUR LA SOLUTION DES CONFLITS RELATIFS A LA REPARATION DES ACCIDENTS DU TRAVAIL.

Communication des mesures prises au Secrétaire général de la Société des Nations et date de la communication (par. 6). — Allemagne, 31-8-28; Australie (tous les Etats à l'exception de l'Etat de Victoria), sept. 1926; Belgique, 10-12-25; Bulgarie, 27-1-30; Finlande, 12-9-27; France, 8-12-26; Grande-Bretagne, 4-10-26; Inde, 9-9-26; Japon, 31-12-26; Luxembourg, 20-2-26; Norvège, 1-12-26; Pays-Bas, 12-2-27; Pologne, 15-2-27; Siam, 15-3-27; Suède, 8-9-26.

Etats ayant indiqué officiellement que les recommandations ont été soumises à « l'autorité compétente » (par. 5) et date de la soumission. — Afrique du Sud, 1925; Autriche, 1927; Brésil, 1927; Canada, 31-3-27; Cuba, 1927; Danemark, 30-1-26; Hongrie, 1927; Etat libre d'Irlande, 28-5-26; Italie, 15-12-26; Nouvelle-Zélande, 1927; Portugal, 1926; Suisse, 7-6-26.

Etats ayant communiqué d'autres renseignements officiels : Albanie, Grèce, Haïti, Estonie, Lettonie, Nicaragua, Roumanie, Tchécoslovaquie, Uruguay, Vénézuéla, Yougoslavie.

Etats qui n'ont communiqué aucune information officielle : Argentine, Bolivie, Chili, Chine, Colombie, Rép. Dominicaine, Espagne, Ethiopie, Guatémala, Honduras, Libéria, Lithuanie, Panama, Paraguay, Pérou, Perse, El Salvador.

RECOMMANDATION CONCERNANT LES JURIDICTIONS COMPÉTENTES POUR LA SOLUTION DES CONFLITS RELATIFS A LA RÉPARATION DES ACCIDENTS DU TRAVAIL

La Conférence générale de l'Organisation internationale du Travail de la Société des Nations,

Convoquée à Genève par le Conseil d'administration du Bureau International du Travail, et s'y étant réunie le 19 mai 1925, en sa septième session,

Après avoir décidé d'adopter diverses propositions concernant les juridictions compétentes pour la solution des conflits relatifs à la réparation des accidents du travail, question comprise dans la première question à l'ordre du jour de la session, et

Après avoir décidé que ces propositions prendraient la forme d'une recommandation,

adopte, ce dixième jour de juin mil neuf cent vingt-cinq, la recommandation ci-après à soumettre à l'examen des Membres de l'Organisation internationale du Travail, en vue de lui faire porter effet sous forme de loi nationale ou autrement, conformément aux dispositions de la Partie XIII du Traité de Versailles et des Parties correspondantes des autres Traités de Paix :

Considérant que les conflits relatifs à la réparation des accidents du travail portent non seulement sur l'interprétation des textes des lois et règlements, mais aussi sur des problèmes professionnels qui exigent une connaissance approfondie des conditions du travail; notamment nature des entreprises, caractère des risques qu'elles présentent, relation entre le travail et l'accident, mode de détermination du salaire, degré d'incapacité de gain, possibilité d'adaptation à une profession nouvelle.

Considérant que les travailleurs et les employeurs présentent des garanties de compétence professionnelle et que leur participation aux juridictions chargées de se prononcer sur les conflits relatifs à la réparation des accidents du travail peut permettre d'aboutir à des solutions plus équitables; et

Considérant que la participation des employeurs et des ouvriers à ces juridictions peut être réalisée dans beaucoup de pays sans porter atteinte à l'organisation judiciaire,

La Conférence générale recommande à chaque Membre de l'Organisation internationale du Travail de prendre en considération les principes et les règles suivants :

I

Les conflits relatifs à la réparation des accidents du travail doivent être de préférence soumis à des tribunaux spéciaux ou des Commissions arbitrales, comprenant avec ou sans magistrats de carrière un nombre égal de juges, ouvriers et patrons, nommés respectivement par les associations d'ouvriers ou de patrons ou désignés sur leur proposition, ou par les représentants patronaux et ouvriers auprès d'autres institutions sociales ou élus par des collèges distincts de patrons et d'ouvriers.

II

Lorsque les conflits relatifs à la réparation des accidents du travail sont évoqués devant les juridictions ordinaires, ces juridictions devront, à la demande de l'un ou de l'autre des intéressés, entendre en qualité d'experts, des ouvriers et des employeurs, toutes les fois que le conflit portera sur une question professionnelle et notamment sur l'appréciation du degré d'incapacité de gain.

SEPTIEME SESSION (GENEVE, 19 mai-10 juin 1925.)

CONVENTION

REPARATION DES MALADIES PROFESSIONNELLES — (Date de l'entrée en vigueur initiale : 1er avril 1927.)

Ratifications communiquées et date d'enregistrement (par. 7). — Allemagne, 18-9-28; Autriche, 29-9-28; Belgique, 3-10-27; Bulgarie, 5-9-29; Cuba, 6-8-28; Finlande, 17-9-27; Grande-Bretagne, 6-10-26; Hongrie, 19-4-28; Inde, 30-9-27; Etat libre d'Irlande, 25-11-27; Japon, 8-10-28; Lettonie, 29-11-29; Luxembourg, 16-4-28; Norvège, 11-6-29; Pays-Bas, 1-11-28; Portugal, 27-3-29; Suède, 15-10-29; Suisse, 16-11-27; Yougoslavie, 1-4-27.

Décision de l'autorité compétente (par. 7) et date de cette décision. — *Autres décisions, ajournements*, etc. : Italie, 12-12-27; Vénézuéla, 4-6-26.

Etats ayant officiellement déclaré qu'ils ont soumis la convention à « l'autorité compétente » (par. 5) et date de la soumission. — 1° *En proposant la ratification* : Estonie, 4-11-25; France, 25-1-29; Grèce (projet devenu caduc), 9-5-27; Pologne, 12-12-26; Roumanie, 1927; Uruguay, 23-3-28.

2° *Sans aucune proposition* : Afrique du Sud, 1925; Brésil, 1927; Canada, 31-3-27; Danemark, 1925; Nouvelle-Zélande, 1927; Siam, 1927.

Etats qui, sans avoir officiellement indiqué qu'ils avaient soumis la convention, à l'autorité compétente, ont fait connaître d'autres mesures : Albanie Australie (tous les Etats à l'exception de l'Etat de Victoria), Chine, Colombie, Espagne, Haïti, Nicaragua, Panama, Tchécoslovaquie

Etats qui n'ont communiqué officiellement aucune information : Argentine, Bolivie, Chili, Rép. Dominicaine, Ethiopie, Guatémala, Honduras, Libéria, Lithuanie, Paraguay, Pérou, Perse, El Salvador.

Projet de convention concernant la réparation des maladies professionnelles[1].

La Conférence générale de l'Organisation internationale du Travail de la Société des Nations,

Convoquée à Genève par le Conseil d'administration du Bureau international du Travail, et s'y étant réunie le 19 mai 1925, en sa septième session,

Après avoir décidé d'adopter diverses propositions relatives à la réparation des maladies professionnelles, question comprise dans le premier point de l'ordre du jour de la session, et

Après avoir décidé que ces propositions prendraient la forme d'un projet de convention internationale,

adopte, ce dixième jour de juin mil neuf cent vingt-cinq, le projet de convention ci-après à ratifier par les Membres de l'Organisation internationale du Travail conformément aux dispositions de la Partie XIII du Traité de Versailles et des Parties correspondantes des autres Traités de Paix :

Art. premier. — Tout Membre de l'Organisation internationale du Travail ratifiant la présente convention s'engage à assurer aux victimes de maladies professionnelles ou à leurs ayants droit une réparation basée sur les principes généraux de sa législation nationale concernant la réparation des accidents du travail.

Le taux de cette réparation ne sera pas inférieur à celui que prévoit la législation nationale pour les dommages résultant d'accidents du travail. Sous réserve de cette disposition, chaque Membre sera libre, en déterminant dans sa législation nationale les conditions réglant le paiement de la réparation des maladies dont il s'agit, et en appliquant à ces maladies sa législation relative à la réparation des accidents du travail, d'adopter les modifications et adaptations qui lui sembleraient expédientes.

Art. 2. — Tout Membre de l'Organisation internationale du Travail ratifiant la présente convention s'engage à considérer comme maladies professionnelles les maladies ainsi que les intoxications produites par les substances inscrites sur le tableau ci-après, lorsque ces maladies ou intoxications surviennent à des travailleurs appartenant aux industries ou professions qui y correspondent dans ledit tableau et résultent du travail dans une entreprise assujettie à la législation nationale.

TABLEAU

Liste des maladies et des substances toxiques.	*Liste des industries ou professions correspondantes.*
Intoxication par le plomb ses alliages ou ses composés, avec les conséquences directes de cette intoxication.	Traitement des minerais contenant du plomb, y compris les cendres plombeuses d'usines à zinc. Fusion du vieux zinc et du plomb en saumon. Fabrication d'objets en plomb fondu ou en alliages plombifères. Industries polygraphiques. Fabrication des composés de plomb. Fabrication et réparation des accumulateurs. Préparation et emploi des émaux contenant du plomb. Polissage au moyen de limaille de plomb ou de potée plombifère. Travaux de peinture comportant la préparation ou la manipulation d'enduits, de mastics ou de teintes contenant des pigments de plomb.
Intoxication par le mercure, ses amalgames et ses composés, avec les conséquences directes de cette intoxication.	Traitement des minerais de mercure. Fabrication des composés de mercure. Fabrication des appareils de mesure ou de laboratoire. Préparation des matières premières pour la chapellerie. Dorure au feu. Emploi des pompes à mercure pour la fabrication des lampes à incandescence. Fabrication des amorces au fulminate de mercure.
Infection charbonneuse.	Ouvriers en contact avec des animaux charbonneux. Manipulation de débris d'animaux. Chargement, déchargement ou transport de marchandises.

Art. 3. — Les ratifications officielles de la présente convention dans les conditions prévues à la Partie XIII du Traité de Versailles et aux Parties correspondantes des autres Traités de Paix seront communiquées au Secrétaire général de la Société des Nations et par lu enregistrées.

Art. 4. — La présente convention entrera en vigueur dès que les ratifications de deux Membres de l'Organisation internationale du Travail auront été enregistrées par le Secrétaire général.

Elle ne liera que les Membres dont la ratification aura été enregistrée au Secrétariat.

Par la suite, cette convention entrera en vigueur pour chaque Membre à la date où sa ratification aura été enregistrée au Secrétariat.

ART. 5. — Aussitôt que les ratifications de deux Membres de l'Organisation internationale du Travail auront été enregistrées au Secrétariat, le Secrétaire général de la Société des Nations notifiera ce fail à tous les Membres de l'Organisation internationale du Travail. Il leur notifiera également l'enregistrement des ratifications qui lu seront ultérieurement communiquées par tous autres Membres de l'Organisation.

ART. 6. — Sous réserve des dispositions de l'article 4, tout Membre qui ratifie la présente convention s'engage à appliquer les dispositions des articles 1 et 2 au plus tard le 1er janvier 1927 et à prendre telles mesures qui seront nécessaires pour rendre effectives ces dispositions

ART. 7. — Tout Membre de l'Organisation internationale du Travail qui ratifie la présente convention s'engage à l'appliquer à ses colonies, possessions et protectorats, conformément aux dispositions de l'article 421 du Traité de Versailles et des articles correspondants des autres Traités de Paix.

ART. 8. — Tout Membre ayant ratifié la présente convention peu la dénoncer, à l'expiration d'une période de cinq années après la date de la mise en vigueur initiale de la convention, par un acte communiqué au Secrétaire général de la Société des Nations et par lui enregistré. La dénonciation ne prendra effet qu'une année après avoir été enregistrée au Secrétariat.

ART. 9. — Le Conseil d'administration du Bureau International du Travail devra, au moins une fois tous les dix ans, présenter à la Conférence générale un rapport sur l'application de la présente convention et décidera s'il y a lieu d'inscrire à l'ordre du jour de la Conférence la question de la revision ou de la modification de la dite convention.

ART. 10. — Les textes français et anglais de la présente convention feront foi l'un et l'autre.

SEPTIEME SESSION (GENEVE, 19 mai-10 juin 1925.)

RECOMMANDATION

REPARATION DES MALADIES PROFESSIONNELLES.

Communication des mesures prises au Secrétaire général de la Société des Nations et date de la communication (par. 6). — Allemagne, 31-8-28; Australie, (tous les Etats à l'exception de l'Etat de Victoria), septembre 1926; Autriche, 13-2-30; Belgique, 10-12-25; Bulgarie, 27-1-30; Finlande, 12-9-27; France, 8-12-26; Grande-Bretagne, 4-10-26; Inde, 9-9-26; Etat libre d'Irlande, 24-11-27; Japon, 31-12-26; Luxembourg, 20-2-26; Norvège, 1-12-26; Pays-Bas. 12-2-27; Pologne, 15-2-27; Siam, 15-3-27; Suède, 8-9-26.

Etats ayant indiqué officiellement que les recommandations ont été soumises à « l'autorité compétente » (par. 5) et date de la soumission. — Afrique du Sud, 1925; Brésil, 1927; Canada, 31-3-27; Cuba, 1927; Danemark, 30-1-26; Hongrie, 1927; Italie, 15-12-26; Nouvelle-Zélande, 1927; Portugal, 1926; Suisse, 7-6-26.

Etats ayant communiqué d'autres renseignements officiels : Albanie, Estonie, Grèce, Haïti, Lettonie, Nicaragua, Roumanie, Tchécoslovaquie, Uruguay, Vénézuéla, Yougoslavie.

Etats qui n'ont communiqué aucune information officielle : Argentine, Bolivie, Chili, Chine, Colombie, Rép. Dominicaine, Espagne, Ethiopie, Guatémala, Honduras, Libéria, Lithuanie, Panama, Paraguay, Pérou, Perse, El Salvador.

Recommandation concernant la réparation des maladies professionnelles.

La Conférence générale de l'Organisation internationale du Travail de la Société des Nations,

Convoquée à Genève par le Conseil d'administration du Bureau international du Travail, et s'y étant réunie le 19 mai 1925, en sa septième session,

Après avoir décidé d'adopter diverses propositions relatives à la réparation des maladies professionnelles, question comprise dans le premier point de l'ordre du jour de la session, et

Après avoir décidé que ces propositions prendraient la forme d'une recommandation,

adopte, ce dixième jour de juin mil neuf cent vingt-cinq, la recommandation ci-après à soumettre à l'examen des Membres de l'Organisation internationale du Travail, en vue de lui faire porter effet sous forme de loi nationale ou autrement, conformément aux dispositions de la Partie XIII du Traité de Versailles et des Parties correspondantes des autres Traités de Paix :

Tout en reconnaissant d'ailleurs que chaque pays a la possibilité d'établir dans sa législation nationale une liste de maladies plus complète que celle contenue dans l'article 2 de la convention concernant la réparation des maladies professionnelles,

La Conférence recommande

Que les Membres fixent, si elle n'existe pas encore, une procédure simple au moyen de laquelle la liste des maladies considérées comme maladies professionnelles dans leur législation nationale pourra être revisée.

SEPTIEME SESSION (GENEVE, 19 mai-10 juin 1925.)

CONVENTION

EGALITE DE TRAITEMENT DES TRAVAILLEURS ETRANGERS ET NATIONAUX EN MATIERE DE REPARATION DES ACCIDENTS DU TRAVAIL. — (Date de l'entrée en vigueur initiale : 8 septembre 1926.)

Ratifications communiquées et date d'enregistrement (par. 7). — Afrique du Sud, 30-3-26; Allemagne, 18-9-28; Autriche, 29-9-28; Belgique, 3-10-27; Bulgarie, 5-9-29; Cuba, 6-8-28; Danemark, 31-3-28; Espagne, 22-2-29; Finlande, 17-9-27; Grande-Bretagne, 6-10-26; France, 4-4-28; Hongrie, 19-4-28; Inde, 30-9-27; Italie, 15-3-28; Japon, 8-10-28; Lettonie, 29-5-28; Luxembourg, 16-4-28; Norvège, 11-6-29; Pays-Bas, 13-9-27; Pologne, 28-2-28; Portugal, 27-3-29; Suède, 8-9-26; Suisse, 1-2-29; Tchécoslovaquie, 8-2-27; Yougoslavie, 1-4-27.

Décision de l'autorité compétente (par. 7) et date de cette décision. — *Autres décisions, ajournements,* etc. : Vénézuéla, 4-6-26.

Etats ayant officiellement déclaré qu'ils ont soumis la convention à « l'autorité compétente » (par. 5) et date de la soumission. — 1° *En proposant la ratification* : Estonie, 4-11-25; Grèce (projet devenu caduc), 20-5-27; Roumanie, 1927; Uruguay 23-3-28.

2° *Sanc aucune proposition* : Brésil, 1927; Canada, 31-3-27; Etat libre d'Irlande, 28-5-26; Nouvelle-Zélande, 1927; Siam, 1927.

Etats qui, sans avoir officiellement indiqué qu'ils avaient soumis la convention à l'autorité compétente, ont fait connaître d'autres mesures : Albanie, Australie, (tous les Etats à l'exception de l'Etat de Victoria), Chili, Colombie, Haïti, Nicaragua, Panama.

Etats qui n'ont communiqué officiellement aucune information: Argentine, Bolivie, Chine, Rép. Dominicaine, Ethiopie, Guatémala, Honduras, Libéria, Lithuanie, Paraguay, Pérou, Perse, El Salvador.

PROJET DE CONVENTION CONCERNANT L'ÉGALITÉ DE TRAITEMENT DES TRAVAILLEURS ÉTRANGERS ET NATIONAUX EN MATIÈRE DE RÉPARATION DES ACCIDENTS DU TRAVAIL.

La Conférence générale de l'Organisation internationale du Travail de la Société des Nations,

Convoquée à Genève par le Conseil d'administration du Bureau international du Travail, et s'y étant réunie le 19 mai 1925, en sa septième session,

Après avoir décidé d'adopter diverses propositions relatives à l'égalité de traitement des travailleurs nationaux et étrangers victimes d'accidents du travail, deuxième question inscrite à l'ordre du jour de la session, et

Après avoir décidé que ces propositions prendraient la forme d'un projet de convention internationale,

adopte, ce cinquième jour de juin mil neuf cent vingt-cinq, le projet de convention ci-après à ratifier par les Membres de l'Organisation internationale du Travail conformément aux dispositions de la Partie XIII du Traité de Versailles et des Parties correspondantes des autres Traités de Paix :

Art. premier. — Tout membre de l'Organisation internationale du Travail qui ratifie la présente convention s'engage à accorder aux ressortissants de tout autre Membre ayant ratifié la dite convention qui seront victimes d'accidents du travail survenus sur son territoire, ou à leurs ayants droit, le même traitement qu'il assure à ses propres ressortissants en matière de réparation des accidents du travail.

Cette égalité de traitement sera assurée aux travailleurs étrangers et à leurs ayants droit sans aucune condition de résidence. Toutefois, en ce qui concerne les paiements qu'un Membre ou ses ressortissants auraient à faire en dehors du territoire du dit Membre en vertu de ce principe, les dispositions à prendre seront réglées, si cela est nécessaire, par des arrangements particuliers pris avec les Membres intéressés.

Art. 2. — Pour la réparation des accidents du travail survenus à des travailleurs occupés d'une manière temporaire ou intermittente sur le territoire d'un Membre pour le compte d'une entreprise située sur le territoire d'un autre Membre, il peut être prévu qu'il sera fait application de la législation de ce dernier par accord spécial entre les Membres intéressés.

Art. 3. — Les Membres qui ratifient la présente convention et chez lesquels n'existe pas un régime d'indemnisation ou d'assurance forfaitaires des accidents du travail conviennent d'instituer un tel régime dans un délai de trois ans à dater de leur ratification.

Art. 4. — Les Membres qui ratifient la présente convention s'engagent à se prêter mutuellement assistance en vue de faciliter son application, ainsi que l'exécution de leurs lois et règlements respectifs en matière de réparation des accidents du travail et à porter à la connaissance du Bureau International du Travail, qui en informera les autres Membres intéressés, toute modification dans les lois et règlements en vigueur en matière de réparation des accidents du travail.

Art. 5. — Les ratifications officielles de la présente convention dans les conditions prévues à la Partie XIII du Traité de Versailles et aux Parties correspondantes des autres Traités de Paix seront communiquées au Secrétaire général de la Société des Nations et par lui enregistrées.

Art. 6. — La présente convention entrera en vigueur dès que les ratifications de deux Membres de l'Organisation internationale du Travail auront été enregistrées par le Secrétaire général.

Elle ne liera que les Membres dont la ratification aura été enregistrée au Secrétariat.

Par la suite, cette convention entrera en vigueur pour chaque Membre à la date où sa ratification aura été enregistrée au Secrétariat.

Art. 7. — Aussitôt que les ratifications de deux Membres de l'Organisation internationale du Travail auront été enregistrées au Secrétariat, le Secrétaire général de la Société des Nations notifiera ce fait à tous les Membres de l'Organisation internationale du Travail. Il leur notifiera également l'enregistrement des ratifications qui lui seront ultérieurement communiquées par tous autres Membres de l'Organisation.

Art. 8. — Sous réserve des dispositions de l'article 6, tout Membre qui ratifie la présente convention s'engage à appliquer les dispositions des articles 1, 2, 3 et 4 au plus tard le 1er janvier 1927, et à prendre telles mesures qui seront nécessaires pour rendre effectives ces dispositions.

Art. 9. — Tout Membre de l'Organisation internationale du Travail qui ratifie la présente convention s'engage à l'appliquer à ses Colonies, possessions ou protectorats, conformément aux dispositions de l'article 421 du Traité de Versailles et des articles correspondants des autres Traités de paix

Tout Membre ayant ratifié la présente convention peut la dénoncer, à l'expiration d'une période de dix années après la date de la mise en vigueur initiale de la convention, par un acte communiqué au Secrétaire général de la Société des Nations et par lui enregistré. La dénonciation ne prendra effet qu'une année après avoir été enregistrée au Secrétariat.

Art. 11. — Le Conseil d'administration du Bureau International du Travail devra, au moins une fois tous les dix ans, présenter à la

Conférence générale un rapport sur l'application de la présente convention et décidera s'il y a lieu d'inscrire à l'ordre du jour de la Conférence la question de la revision ou de la modification de la dite convention.

Art. 12. — Les textes français et anglais de la présente convention feront foi l'un et l'autre.

SEPTIEME SESSION (**GENEVE**, 19 mai-10 juin 1925.)

RECOMMANDATION

EGALITE DE TRAITEMENT DES TRAVAILLEURS ETRANGERS ET NATIONAUX EN MATIERE DE REPARATION DES ACCIDENTS DU TRAVAIL.

Communication des mesures prises au Secrétaire général de la Société des Nations et date de la communication (par. 6). — Allemagne, 31-8-26; Australie (tous les Etats à l'exception de l'Etat de Victoria), septembre 1926; Autriche, 13-2-30; Belgique, 10-12-25; Finlande, 12-9-27; Bulgarie, 27-1-30; France, 8-12-26; Grande-Bretagne, 4-10-26; Inde, 9-9-26; Japon, 31-12-26; Luxembourg, 20-2-26; Norvège, 1-12-26; Pays-Bas, 12-2-27; Pologne, 15-2-27; Siam, 15-3-27; Suède, 8-9-26; Tchécoslovaquie, 2-6-28.

Etats ayant indiqué officiellement que les recommandations ont été soumises à « l'autorité compétente » (par. 5) et date de la soumission. — Afrique du Sud, 1925; Brésil, 1927; Canada, 31-3-27; Cuba, 1927; Danemark, 30-1-26; Hongrie, 1927; Etat libre d'Irlande, 28-5-26; Italie, 15-12-26; Nouvelle-Zélande, 1927; Portugal, 1926; Suisse, 7-6-26.

Etats ayant communiqué d'autres renseignements officiels : Albanie, Estonie, Haïti, Grèce, Lettonie, Nicaragua, Roumanie, Uruguay, Vénézuéla, Yougo-slavie.

Etats qui n'ont communiqué aucune information officielle : Argentine, Bolivie, Chili, Chine, Colombie, Rép. Dominicaine, Espagne, Ethiopie, Guatémala, Honduras, Libéria, Lithuanie, Panama, Paraguay, Pérou, Perse, El Salvador.

RECOMMANDATION CONCERNANT L'ÉGALITÉ DE TRAITEMENT DES TRAVAILLEURS ÉTRANGERS ET NATIONAUX EN MATIÈRE DE RÉPARATIONS DES ACCIDENTS DU TRAVAIL.

La Conférence générale de l'Organisation internationale du Travail de la Société des Nations,

Convoquée à Genève par le Conseil d'administration du Bureau International du Travail, et s'y étant réunie le 19 mai 1925, en sa septième session,

Après avoir décidé d'adopter diverses propositions relatives à l'égalité de traitement des travailleurs nationaux et étrangers victimes d'accidents du travail, deuxième question inscrite à l'ordre du jour de la session, et

Après avoir décidé que ces propositions prendraient la forme d'une recommandation,

adopte, ce cinquième jour de juin mil neuf cent vingt-cinq, la recommandation ci-après à soumettre à l'examen des Membres de l'Organisation internationale du Travail, en vue de lui faire porter effet sous forme de loi nationale ou autrement, conformément aux dispositions de la Partie XIII du Traité de Versailles et des Parties correspondantes des autres Traités de Paix :

I

La Conférence recommande qu'en vue de l'application de la convention concernant l'égalité de traitement des travailleurs étrangers et nationaux en matière de réparation des accidents du travail, chaque Membre de l'Organisation internationale du Travail prenne les mesures nécessaires :

a) Pour faciliter aux bénéficiaires d'une indemnité qui ne résident pas dans le pays où cette indemnité leur est payable le versement des sommes qui leur sont dues et pour assurer l'observation des conditions prescrites par les lois et règlements pour le paiement de ces sommes;

b) pour que, dans le cas de contestations sur le non-paiement, la suspension du paiement ou la réduction du montant de l'indemnité due à une personne qui ne réside pas dans le pays où son droit à indemnité a pris naissance, une action puisse être introduite devant les tribunaux compétents de ce pays, sans que l'intéressé soit tenu d'être présent en personne;

c) pour que le bénéfice des exemptions de droits fiscaux, de la délivrance gratuite de pièces officielles et des autres avantages accordés par la législation d'un Membre en matière de réparation des accidents du travail soit étendu dans les mêmes conditions aux ressortissants des autres Membres ayant ratifié la convention ci-dessus mentionnée.

II

La Conférence recommande que, dans les pays où n'existe pas un régime d'indemnisation ou d'assurance forfaitaires des accidents du travail, les Gouvernements, jusqu'à l'institution d'un tel régime, facilitent aux ouvriers étrangers le bénéfice de la législation nationale de ces ouvriers en matière de réparation des accidents du travail.

DIXIEME SESSION (GENEVE, 25 mai-16 juin 1927.)*

CONVENTION

ASSURANCE-MALADIE DES TRAVAILLEURS DE L'INDUSTRIE ET DU COMMERCE ET DES GENS DE MAISON. — (Date de l'entrée en vigueur initiale : 13 juillet 1928.)

Ratifications communiquées et date d'enregistrement (par. 7). — Allemagne, 23-1-28; Autriche, 18-2-29; Hongrie, 19-4-28; Lettonie, 29-11-29; Luxembourg, 16-4-28; Roumanie, 28-6-29; Tchécoslovaquie, 17-1-29; Yougoslavie, 30-9-29.

Décision de l'autorité compétente (par. 7) et date de cette décision. — *Rejet* : Inde, 27-3-28.

Autres décisions, ajournements, etc. : Finlande, 7-2-30; Norvège, 11-5-29; Suède, 4-5-28; Suisse, 13-6-29.

Etats ayant officiellement déclaré qu'ils ont soumis la convention à « l'autorité compétente » (par. 5) et date de la soumission. — 1° *En proposant la ratification* : Cuba, 19-12-27; Uruguay, 23-3-28.

2° *En proposant d'ajourner ou de réserver la ratification* : France, 10-1-29.

3° *Sanc aucune proposition* : Afrique du Sud, 1927; Australie, 5-12-27; Danemark, 1927; Estonie, 17-2-30; Grande-Bretagne, 1927; Etat libre d'Irlande, 22-2-28; Japon, 5-11-28; Lithuanie, 1928; Nouvelle-Zélande, 5-12-27; Pays-Bas, 29-6-28.

Etats qui, sans avoir officiellement indiqué qu'ils avaient soumis la convention à l'autorité compétente, ont fait connaître d'autres mesures : Albanie, Argentine, Belgique, Bulgarie, Colombie, Grèce, Haïti, Italie, Panama, El Salvador, Siam, Vénézuéla.

Etats qui n'ont communiqué officiellement aucune information : Bolivie, Brésil, Canada, Chili, Chine, Rép. Dominicaine, Espagne, Ethiopie, Guatémala, Honduras, Libéria, Nicaragua, Paraguay, Pérou, Perse, Pologne, Portugal.

PROJET DE CONVENTION CONCERNANT L'ASSURANCE-MALADIE DES TRAVAILLEURS DE L'INDUSTRIE ET DU COMMERCE ET DES GENS DE MAISON

La Conférence générale de l'Organisation internationale du Travail de la Société des Nations,

Convoquée à Genève par le Conseil d'administration du Bureau International du Travail et s'y étant réunie le 25 mai 1927, en sa dixième session,

Après avoir décidé d'adopter diverses propositions relatives à l'assurance-maladie des travailleurs de l'industrie et du commerce et des gens de maison, question comprise dans le premier point de l'ordre du jour de la session, et

Après avoir décidé que ces propositions prendraient la forme d'un projet de convention internationale,

adopte, ce quinzième jour de juin mil neuf cent vingt-sept, le projet de convention ci-après à ratifier par les Membres de l'Organisation internationale du Travail conformément aux dispositions de la Partie XIII du Traité de Versailles et des Parties correspondantes des autres Traités de Paix :

ART. PREMIER. — Tout Membre de l'Organisation internationale du Travail qui ratifie la présente convention s'engage à instituer l'assurance-maladie obligatoire, dans des conditions au moins équivalentes à celles prévues par la présente convention.

ART. 2. — L'assurance-maladie obligatoire s'applique aux ouvriers, employés et apprentis des entreprises industrielles et des entreprises commerciales, aux travailleurs à domicile et aux gens de maison.

Toutefois, il appartient à chaque Membre de prévoir dans sa législation nationale telles exceptions qu'il estime nécessaires en ce qui concerne :

a) les emplois temporaires dont la durée n'atteint pas une limite que pourra fixer la législation nationale, les emplois irréguliers étrangers à la profession ou à l'entreprise de l'employeur, les emplois occasionnels et les emplois accessoires;

b) les travailleurs dont le salaire ou le revenu dépasse une limite qui peut être fixée par la législation nationale;

c) les travailleurs qui ne reçoivent pas de rémunération en espèces;

d) les travailleurs à domicile dont les conditions de travail ne peuvent être assimilées à celles des salariés;

e) les travailleurs qui n'ont pas atteint ou qui ont dépassé des limites d'âge que peut fixer la législation nationale;

f) les membres de la famille de l'employeur.

En outre, peuvent être exemptées de l'obligation d'assurance contre la maladie, les personnes qui ont droit, en cas de maladie, en vertu de lois ou de règlements ou d'un statut spécial, à des avantages au moins équivalents, dans l'ensemble, à ceux prévus dans la présente convention.

La présente convention ne vise pas les marins et les marins pêcheurs dont l'assurance contre la maladie pourra faire l'objet d'une décision d'une session ultérieure de la Conférence.

ART. 3. — L'assuré incapable de travailler par suite de l'état anormal de sa santé physique ou mentale a droit à une indemnité en espèces au moins pendant les vingt-six premières semaines d'incapacité à compter du premier jour indemnisé.

L'attribution de l'indemnité peut être subordonnée à l'accomplissement par l'assuré d'un stage et à l'expiration d'un délai d'attente de trois jours au plus.

L'indemnité peut être suspendue :

a) lorsque l'assuré reçoit déjà, par ailleurs, en vertu de la loi, et pour la même maladie, une autre allocation; la suspension sera totale ou partielle selon que cette dernière allocation sera équivalente ou inférieure à l'indemnité prévue par le présent article;

b) aussi longtemps que l'assuré ne subit pas, du fait de son incapacité, de perte de revenu normal de travail ou qu'il est entretenu aux frais de l'assurance ou de fonds publics; toutefois, la suspension de l'indemnité ne sera que partielle lorsque l'assuré ainsi entretenu personnellement a des charges de famille;

c) aussi longtemps que l'assuré refuse d'observer, sans motif valable, les prescriptions médicales et les instructions relatives à la conduite des malades ou se soustrait sans autorisation et volontairement au contrôle de l'institution d'assurance.

L'indemnité peut être réduite ou supprimée en cas de maladie résultant d'une faute intentionnelle de l'assuré.

ART. 4. — L'assuré a droit gratuitement, à partir du début de la maladie et au moins jusqu'à l'expiration de la période prévue pour l'attribution de l'indemnité de maladie, au traitement par un médecin dûment qualifié, ainsi qu'à la fourniture de médicaments et de moyens thérapeutiques de qualité et quantité suffisantes.

Toutefois, une participation aux frais de l'assistance peut être demandée à l'assuré dans les conditions fixées par la législation nationale.

L'assistance médicale peut être suspendue aussi longtemps que l'assuré refuse, sans motif valable, de se conformer aux prescriptions médicales et aux instructions relatives à la conduite des malades, ou néglige d'utiliser l'assistance mise à sa disposition par l'institution d'assurance.

ART. 5. — La législation nationale peut autoriser ou prescrire l'attribution de l'assistance médicale aux membres de la famille de l'assuré vivant dans son ménage et à sa charge; elle détermine les conditions dans lesquelles cette assistance peut être accordée.

Art. 6. — L'assurance-maladie doit être gérée par des institutions autonomes placées sous le contrôle administratif et financier des pouvoirs publics et ne poursuivant aucun but lucratif. Les institutions issues de l'initiative privée doivent faire l'objet d'une reconnaissance spéciale des pouvoirs publics.

Les assurés doivent être appelés à participer à la gestion des institutions autonomes d'assurance dans des conditions déterminées par la législation nationale.

Toutefois, la gestion de l'assurance-maladie peut être assumée directement par l'Etat lorsque et aussi longtemps que la gestion par des institutions autonomes est rendue difficile ou impossible ou inappropriée en raison des conditions nationales et notamment de l'insuffisance de développement des organisations professionnelles d'emdloyeurs et de travailleurs.

Art. 7. — Les assurés et leurs employeurs doivent participer à la constitution des ressources de l'assurance-maladie.

Il appartient à la législation nationale de statuer sur la contribution financière des pouvoirs publics.

Art. 8. — La présente convention ne porte aucune atteinte aux obligations qui résultent de la convention concernant l'emploi des femmes avant et après l'accouchement adoptée par la Conférence internationale du Travail à sa première session.

Art. 9. — Un droit de recours doit être reconnu à l'assuré en cas de contestation au sujet de son droit aux prestations.

Art. 10. — Les Etats qui comprennent de vastes territoires très peu peuplés peuvent ne pas appliquer les dispositions de la présente convention dans les parties de leur territoire où, par suite de la faible densité et de la dispersion de la population et de l'insuffisance des moyens de communication, l'organisation de l'assurance-maladie, conformément à la présente convention, est impossible.

Les Etats qui désirent se prévaloir de la dérogation autorisée par le présent article devront notifier leur intention en communiquant leur ratification formelle de la convention au Secrétaire général de la Société des Nations. Ils devront faire connaître au Bureau international du Travail les parties de leur territoire pour lesquelles ils appliquent la dérogation, en indiquant les motifs de leur décision.

En Europe, la dérogation prévue par le présent article ne pourra être invoquée que par la Finlande.

Art. 11. — Les ratifications officielles de la présente convention dans les conditions prévues à la Partie XIII du Traité de Versailles et aux Parties correspondantes des autres Traités de Paix seront communiquées au Secrétaire général de la Société des Nations et par lui enregistrées.

ART. 12. — La présente convention entrera en vigueur quatre-vingt-dix jours après que les ratifications de deux Membres de l'Organisation internationale du travail auront été enregistrées par le Secrétaire général.

Elle ne liera que les Membres dont la ratification aura été enregistrée au Secrétariat.

Par la suite, cette convention entrera en vigueur pour chaque Membre quatre-vingt-dix jours après la date où sa ratification aura été enregistréé au Secrétariat.

ART. 13. — Aussitôt que les ratifications de deux Membres de l'Organisation internationale du Travail auront été enregistrées au Secrétariat, le Secrétaire général de la Société des Nations notifiera ce fait à tous les Membres de l'Organisation internationale du Travail. Il leur notifiera également l'enregistrement des ratifications qui lui seront ultérieurement communiquées par tous autres Membres de l'Organisation.

ART. 14. — Sous réserve des dispositions de l'article 12, tout Membre qui ratifie la présente convention s'engage à appliquer les dispositions des articles 1, 2, 3, 4, 5, 6, 7, 8, 9 et 10 au plus tard le 1er janvier 1929, et à prendre telles mesures qui seront nécessaires pour rendre effectives ces dispositions.

ART. 15. — Tout Membre de l'Organisation internationale du Travail qui ratifie la présente convention s'engage à l'appliquer à ses colonies, possessions ou protectorats, conformément aux dispositions de l'article 421 du Traité de Versailles et des articles correspondants des autres Traités de Paix.

ART. 16. — Tout Membre ayant ratifié la présente convention peut la dénoncer, à l'expiration d'une période de dix années après la date de la mise en vigueur initiale de la convention, par un acte communiqué au Secrétaire général de la Société des Nations et par lui enregistré. La dénonciation ne prendra effet qu'une année après avoir été enregistrée au Secrétariat.

ART. 17. — Le Conseil d'administration du Bureau Internationla du Travail devra, au moins une fois tous les dix ans, présenter à la Conférence générale un rapport sur l'application de la présente convention et décidera s'il y a lieu d'inscrire à l'ordre du jour de la Conférence la question de la revision ou de la modification de la dite convention.

Art. 18. — Les textes français et anglais de la présente convention feront foi l'un et l'autre.

DIXIÈME SESSION (GENÈVE, 25-mai-16 juin 1927.)

CONVENTION

ASSURANCE-MALADIE DES TRAVAILLEURS AGRICOLES. — (Date de l'entrée en vigueur initiale : 13 juillet 1928.)

Ratifications communiquées et date d'enregistrement (par. 7). — Allemagne, 23-1-28; Autriche, 18-2-29; Luxembourg, 16-4-28; Tchécoslovaquie, 17-1-29.

Décision de l'autorité compétente (par. 7) et date de cette décision. — *Rejet* : Inde, 27-3-28.

Autres décisions, ajournements, etc. : Finlande, 7-2-30; Norvège, 11-5-29; Roumanie, 27-3-29; Suède, 4-5-28; Suisse, 13-6-29.

Etats ayant officiellement déclaré qu'ils ont soumis la convention à « l'autorité, compétente » (par. 5) et date de la soumission. — 1° *En proposant la ratification* : Cuba, 19-12-27; Lettonie, 27-10-27; Uruguay, 23-3-28.

2° *En proposant d'ajourner ou de réserver la ratification* : France, 10-1-29; Hongrie, 20-12-28.

3° *Sans aucune proposition* : Afrique du Sud, 1927; Australie, 5-12-27; Danemark, 1927; Estonie, 17-2-30; Grande-Bretagne, 1927; Etat libre d'Irlande, 22-2-28; Japon, 5-11-28; Lithuanie, 1928; Nouvelle-Zélande, 5-12-27; Pays-Bas, 29-6-28; Yougoslavie, 22-12-29.

Etats qui, sans avoir officiellement indiqué qu'ils avaient soumis la convention à l'autorité compétente, ont fait connaître d'autres mesures : Albanie, Argentine, Belgique, Bulgarie, Colombie, Grèce, Haïti, Italie, Panama, El Salvador, Siam, Vénézuéla.

Etats qui n'ont communiqué officiellement aucune information : Bolivie, Brésil, Canada, Chili, Chine, Rép. Dominicaine, Espagne, Ethiopie, Guatémala, Honduras, Libéria, Nicaragua, Paraguay, Pérou, Perse, Pologne, Portugal.

Projet de convention concernant l'assurance-maladie des travailleurs agricoles.

La Conférence générale de l'Organisation internationale du Travail de la Société des Nations,

Convoquée à Genève par le Conseil d'administration du Bureau International du Travail, et s'y étant réunie le 25 mai 1927, en sa dixième session,

Après avoir décidé d'adopter diverses propositions relatives à l'assurance-maladie des travailleurs agricoles, question comprise dans le premier point de l'ordre du jour de la session, et

Après avoir décidé que ces propositions prendraient la forme d'un projet de convention internationale,

adopte, ce quinzième jour de juin mil neuf cent vingt-sept, le projet de convention ci-après à ratifier par les Membres de l'Organisation internationale du Travail conformément aux dispositions de la Partie XIII du Traité de Versailles et des Parties correspondantes des autres Traités de Paix :

Art. premier. — Tout Membre de l'Organisation internationale du Travail qui ratifie la présente convention s'engage à instituer l'assurance-maladie obligatoire pour les travailleurs agricoles, dans des conditions au moins équivalentes à celles prévues par la présente convention.

Art. 2. — L'assurance-maladie obligatoire s'applique aux ouvriers, employés et apprentis des entreprises agricoles.

Toutefois, il appartient à chaque Membre de prévoir dans sa législation nationale telles exceptions qu'il estime nécessaires en ce qui concerne :

a) les emplois temporaires dont la durée n'atteint pas une limite que pourra fixer la législation nationale, les emplois irréguliers étrangers à la profession ou à l'entreprise de l'employeur, les emplois occasionnels ou les emplois accessoires;

b) les travailleurs dont le salaire ou le revenu dépasse une limite qui peut être fixée par la législation nationale;

c) les travailleurs qui ne reçoivent pas de rémunération en espèces;

d) les travailleurs à domicile dont les conditions de travail ne peuvent être assimilées à celles des salariés;

e) les travailleurs qui n'ont pas atteint ou qui ont dépassé des limites d'âge que peut fixer la législation nationale;

f) les membres de la famille de l'employeur.

En outre, peuvent être exemptées de l'obligation d'assurance contre la maladie les personnes qui ont droit, en cas de maladie, en vertu de lois ou de règlements ou d'un statut spécial, à des avantages au moins équivalents, dans l'ensemble, à ceux prévus dans la présente convention.

ART. 3. — L'assuré incapable de travailler par suite de l'état anormal de sa santé physique ou mentale a droit à une indemnité en espèces au moins pendant les vingt-six premières semaines d'incapacité à compter du premier jour indemnisé.

L'attribution de l'indemnité peut être subordonnée à l'accomplissement par l'assuré d'un stage et à l'expiration d'un délai d'attente de trois jours au plus.

L'indemnité peut être suspendue :

a) lorsque l'assuré reçoit déjà, par ailleurs, en vertu de la loi, et pour la même maladie, une autre allocation; la suspension sera totale ou partielle selon que cette dernière allocation sera équivalente ou inférieure à l'indemnité prévue par le présent article;

b) aussi longtemps que l'assuré ne subit pas, du fait de son incapacité, de perte du revenu normal de travail ou qu'il est entretenu aux frais de l'assurance ou de fonds publics; toutefois, la suspension de l'indemnité ne sera que partielle lorsque l'assuré ainsi entretenu personnellement a des charges de famille;

c) aussi longtemps que l'assuré refuse d'observer, sans motif valable, les prescriptions médicales et les instructions relatives à la conduite des malades ou se soustrait sans autorisation et volontairement au contrôle de l'institution d'assurance.

L'indemnité peut être réduite ou supprimée en cas de maladie résultant d'une faute intentionnelle de l'assuré.

ART. 4. — L'assuré a droit gratuitement, à partir du début de la maladie et au moins jusqu'à l'expiration de la période prévue pour l'attribution de l'indemnité de maladie, au traitement par un médecin dûment qualifié, ainsi qu'à la fourniture de médicaments et de moyens thérapeutiques de qualité et quantité suffisantes.

Toutefois, une participation aux frais de l'assistance peut être demandée à l'assuré dans les conditions fixées par la législation nationale.

L'assistance médicale peut être suspendue aussi longtemps que l'assuré refuse, sans motif valable, de se conformer aux prescriptions médicales et aux instructions relatives à la conduite des malades, ou néglige d'utiliser l'assistance mise à sa disposition par l'institution d'assurance.

ART. 5. — La législation nationale peut autoriser ou prescrire l'attribution de l'assistance médicale aux membres de la famille de l'assuré vivant dans son ménage et à sa charge; elle détermine les conditions dans lesquelles cette assistance peut être accordée.

Art. 6. — L'assurance-maladie doit être gérée par des institutions autonomes placées sous le contrôle administratif et financier des pouvoirs publics et ne poursuivant aucun but lucratif. Les institutions issues de l'initiative privée doivent faire l'objet d'une reconnaissance spéciale des pouvoirs publics.

Les assurés doivent être appelés à participer à la gestion des institutions autonomes d'assurance dans des conditions déterminées par la législation nationale.

Toutefois, la gestion de l'assurance-maladie peut être assumée directement par l'Etat lorsque et aussi longtemps que la gestion par des institutions autonomes est rendue difficile ou impossible ou inappropriée en raison des conditions nationales et notamment de l'insuffisance de développement des organisations professionnelles d'employeurs et de travailleurs.

Art. 7. — Les assurés et leurs employeurs doivent participer à la constitution des ressources de l'assurance-maladie.

Il appartient à la législation nationale de statuer sur la contribution financière des pouvoirs publics.

Art. 8. — Un droit de recours doit être reconnu à l'assuré en cas de contestation au sujet de son droit aux prestations.

Art. 9. — Les Etats qui comprennent de vastes territoires très peu peuplés peuvent ne pas appliquer les dispositions de la présente convention dans les parties de leur territoire où, par suite de la faible densité et de la dispersion de la population et de l'insuffisance des moyens de communication, l'organisation de l'assurance-maladie, conformément à la présente convention, est impossible.

Les Etats qui désirent se prévaloir de la dérogation autorisée par le présent article devront notifier leur intention en communiquant leur ratification formelle de la convention au Secrétaire général de la Société des Nations. Ils devront faire connaître au Bureau International du Travail les parties de leur territoire pour lesquelles ils appliquent la dérogation, en indiquant les motifs de leur décision.

En Europe, la dérogation prévue par le présent article ne pourra être invoquée que par la Finlande.

Art. 10. — Les ratifications officielles de la présente convention dans les conditions prévues à la Partie XIII du Traité de Versailles et aux Parties correspondantes des autres Traités de Paix seront communiquées au Secrétaire général de la Société des Nations et par lui enregistrées.

Art 11. — La présente convention entrera en vigueur quatre-vingt-dix jours après que les ratifications de deux Membres de l'Organisation internationale du Travail auront été enregistrées par le Secrétaire général.

Elle ne liera que les membres dont la ratification aura été enregistrée au Secrétariat.

Par la suite cette convention entrera en vigueur pour chaque Membre quatre-vingt-dix jours après la date où sa ratification aura été enregistrée au Secrétariat.

Art. 12. — Aussitôt que les ratifications de deux Membres de l'Organisation internationale du Travail auront été enregistrées au Secrétariat, le Secrétaire général de la Société des Nations notifiera ce fait à tous les Membres de l'Organisation internationale du Travail. Il leur notifiera également l'enregistrement des ratifications qui lui seront ultérieurement communiquées par tous autres Membres de l'Organisation.

Art. 13. — Sous réserve des dispositions de l'article 11, tout Membre qui ratifie la présente convention s'engage à appliquer les dispositions des articles 1, 2, 3, 4, 5, 6, 7, 8 et 9 au plus tard le 1er janvier 1929, et à prendre telles mesures qui seront nécessaires pour rendre effectives ces dispositions.

Art. 14. — Tout Membre de l'Organisation internationale du Travail qui ratifie la présente convention s'engage à l'appliquer à ses colonies, possessions ou protectorats, conformément aux dispositions de l'article 421 du Traité de Versailles et des articles correspondants des autres Traités de Paix.

Art. 15. — Tout Membre ayant ratifié la présente convention peut la dénoncer à l'expiration d'une période de dix années après la date de la mise en vigueur initiale de la convention, par un acte communiqué au Secrétaire général de la Société des Nations et par lui enregistré. La dénonciation ne prendra effet qu'une année après avoir été enregistrée au Secrétariat.

Art. 16. — Le Conseil d'administration du Bureau International du Travail devra, au moins une fois tous les dix ans, présenter à la Conférence générale un rapport sur l'application de la présente convention et décidera s'il y a lieu d'inscrire à l'ordre du jour de la Conférence la question de la revision ou de la modification de la dite convention.

Art. 17. — Les textes français et anglais de la présente convention feront foi l'un et l'autre.

DIXIEME SESSION (GENEVE, 25 mai-16 juin 1927.)
RECOMMANDATION

PRINCIPES GENERAUX DE L'ASSURANCE-MALADIE.

Communication des mesures prises au Secrétaire général de la Société des Nations et date de la communication (par. 6). — Japon, 26-11-28; Norvège, 16-3-28; Pologne, 8-6-29; Roumanie, 29-5-29; Siam, 28-4-28; Suède, 28-6-28.

Etats ayant indiqué officiellement que les recommandations ont été soumises à « l'autorité compétente » (par. 5) et date de la soumission. — Afrique du Sud, 1927; Allemagne, 1927; Australie, 5-12-27; Autriche, 1928; Cuba, 19-12-27; Danemark, 12-11-27; Estonie, 17-2-30; Finlande, 13-9-28; France, 10-1-29; Grande-Bretagne, 1927; Hongrie, 19-2-29; Inde, 27-3-28; Etat libre d'Irlande, 22-2-28; Lithuanie, 1928; Luxembourg, Nouvelle-Zélande, 5-12-27; Pays-Bas, 29-6-28; Suisse, 13-12-28; Tchécoslovaquie, 14-7-28.

Etats ayant communiqué d'autres renseignements officiels : Albanie, Argentine, Colombie, Haïti, Italie, El Salvador, Vénézuéla, Yougoslavie.

Etats qui n'ont communiqué aucune information officielle : Belgique, Bolivie, Brésil, Bulgarie, Canada, Chili, Chine, Rép. Dominicaine, Espagne, Ethiopie, Grèce, Guatémala, Honduras, Lettonie, Libéria, Nicaragua, Panama, Paraguay, Pérou, Perse, Portugal, Uruguay.

RECOMMANDATION CONCERNANT LES PRINCIPES GÉNÉRAUX DE L'ASSURANCE-MALADIE.

La Conférence générale de l'Organisation internationale du Travail de la Société des Nations,

Convoquée à Genève par le Conseil d'administration du Bureau international du Travail, et s'y étant réunie le 25 mai 1927 en sa dixième session,

Après avoir décidé d'adopter diverses propositions concernant les principes de l'assurance-maladie, première question inscrite à l'ordre du jour de la session, et

Après avoir décidé que ces propositions prendraient la forme d'une recommandation,

adopte, ce quinzième jour de juin mil neuf cent vingt-sept, la recommandation ci-après à soumettre à l'examen des Membres de l'Organisation internationale du Travail, en vue de lui faire porter effet sous forme de loi nationale ou autrement, conformément aux dispositions de la Partie XIII du Traité de Versailles et des Parties correspondantes des autres Traités de Paix :

Considérant que le maintien d'une main-d'œuvre saine et vigoureuse est d'une importance essentielle, non seulement pour les travailleurs eux-mêmes, mais également pour les collectivités désireuses de développer leur capacité de production;

qu'un tel développement ne peut être atteint que par un effort de prévoyance constant et systématique en vue de prévenir et de rétablir toute perte des forces productrices des travailleurs;

que le meilleur moyen de réaliser une telle prévoyance consiste dans l'institution de l'assurance sociale qui donne aux bénéficiaires des droits nettement établis;

La Conférence générale de l'Organisation internationale du Travail,

après avoir adopté des projets de convention concernant, d'une part, l'assurance-maladie des travailleurs de l'industrie et du commerce et des gens de maison, et, d'autre part, l'assurance-maladie des travailleurs agricoles, projets qui établissent les conditions minima auxquelles devrait répondre dès son origine tout système d'assurance-maladie;

et estimant qu'afin de permettre aux Membres de profiter de l'expérience acquise en vue d'instituer ou de compléter les services d'assurance-maladie, il y a intérêt à déterminer quelques principes généraux qui se dégagent de la pratique comme les plus propres à contribuer à un aménagement juste, efficace et rationnel de l'assurance-maladie;

Recommande à chaque Membre de prendre en considération les principes et règles suivants :

I. Champ d'application.

1. L'assurance-maladie devrait comprendre, sans distinction d'âge et de sexe, toute personne qui exécute des travaux à titre professionnel et en vertu d'un contrat de travail ou d'apprentissage.

2. Si, cependant, il est jugé opportun de fixer des limites d'âge, en raison de la protection légale ou de fait déjà accordée aux travailleurs qui se trouvent en deçà ou au delà de ces limites, ces limitations ne doivent exclure ni les jeunes gens qui ne peuvent normalement être considérés comme à la charge de leur famille, ni les travailleurs qui n'ont pas encore atteint l'âge de la pension de vieillesse;

Si, d'autre part, des exceptions sont prévues en ce qui concerne les travailleurs dont la rémunération ou le revenu dépasse une limite déterminée, elles ne devront viser que les travailleurs dont la rémunération ou le revenu atteint une limite au delà de laquelle les travailleurs peuvent raisonnablement être considérés comme capables de faire face par eux-mêmes au risque de maladie.

II. Prestations.

A. *Prestations en espèces.*

3. En vue de hâter le rétablissement de la santé de l'assuré devenu incapable de gain, l'indemnité en espèces destinée à compenser le salaire perdu doit être suffisante.

A cet effet, l'indemnité légale devrait être, en général, fixée en fonction du salaire habituel dont l'assurance tient compte et comporter une fraction substantielle de ce salaire, eu égard aux charges de famille. Cependant, dans les pays où les travailleurs ont la faculté et l'habitude de se procurer par ailleurs un complément d'indemnité, il peut être opportun de fixer l'indemnité légale indépendamment du salaire.

4. L'indemnité légale devrait être accordée au moins pendant les vingt-six premières semaines d'incapacité à compter du premier jour indemnisé; toutefois, la durée de l'indemnité devrait être portée jusqu'à une année en cas de maladies graves et persistantes, ainsi que dans le cas où les assurés ne bénéficient pas de prestations de l'assurance-invalidité à l'expiration du droit à l'indemnité de maladie.

5. L'institution d'assurance qui justifie d'une bonne gestion financière devrait être autorisée :

a) à majorer, dans des limites déterminées, l'indemnité légale, soit pour tous les assurés, soit pour certains groupes d'entre eux, notamment pour les assurés ayant charge de famille;

b) à prolonger la période légale pendant laquelle l'indemnité est due.

6. Dans les pays où les frais de funérailles ne sont pas couverts, habituellement ou en vertu de la loi, par une autre assurance, l'institution d'assurance-maladie devrait allouer, en cas de décès de l'assuré, une indemnité pour frais de funérailles convenables; elle devrait d'ailleurs pouvoir allouer une telle indemnité pour frais de funérailles des membres de la famille de l'assuré.

B. *Prestations en nature.*

7. Le traitement par un médecin dûment qualifié, ainsi que la fourniture de médicaments et de moyens thérapeutiques de qualité

et quantité suffisantes devraient être accordées depuis le début de la maladie et aussi longtemps que l'exige l'état du malade; l'assuré devrait avoir droit gratuitement à ces prestations à partir du début de la maladie et au moins jusqu'à l'expiration de la période prévue pour l'attribution de l'indemnité de maladie.

8. En plus du traitement par un médecin dûment qualifié et de médicaments et moyens thérapeutiques de qualité et quantité suffisantes, l'assuré devrait pouvoir disposer, lorsque les conditions locales et financières le permettent, de services de spécialistes, ainsi que du traitement dentaire, et avoir droit à l'hospitalisation lorsque sa situation de famille le nécessite ou que son état exige un mode de traitement qui ne peut être fourni qu'à l'hôpital.

9. Lorsque l'assuré est hospitalisé, l'institution d'assurance devrait verser aux personnes à sa charge tout ou partie de l'indemnité de maladie qui serait payable à l'intéressé s'il n'était pas hospitalisé.

10. En vue de maintenir l'assuré et sa famille dans de bonnes conditions d hygiène, les membres de la famille de l'assuré vivant dans son ménage et à sa charge, devraient bénéficier de l'assistance médicale chaque fois que cela est pratiquement possible.

11. L'institution d'assurance devrait pouvoir disposer, dans des conditions équitables, des services des médecins dont elle a besoin.

Dans les agglomérations urbaines et dans des limites territoriales déterminées, l'assuré devrait pouvoir choisir entre les médecins qui sont à la disposition de l'institution d'assurance, à moins qu'une charge supplémentaire notable n'en résulte pour elle.

C. *La prévention des maladies.*

12. La plupart des maladies peuvent être prévenues. Une prévention vigilante permettrait d'éviter une diminution des capacités productrices, de rendre disponibles les ressources qu'absorbent les maladies évitables, et d'accroître le bien-être matériel, intellectuel et moral des collectivités.

L'assurance-maladie devrait contribuer à faire pénétrer la pratique des règles d'hygiène parmi les travailleurs. Elle devrait comporter des soins préventifs et en faire bénéficier le plus grand nombre d'individus dès l'apparition des signes précurseurs des maladies. Elle devrait pouvoir — d'après un plan d'ensemble coordonnant toutes les activités tendant à ce but — intervenir dans la lutte contre les maladies sociales et pour le relèvement de la santé populaire.

III. Organisation de l'assurance.

13. Les institutions d'assurance devraient être administrées sous le contrôle des pouvoirs publics, d'après les principes de la gestion autonome et dans l'intérêt exclusif de la collectivité assureur. Les assurés qui sont le plus directement intéressés au fonctionnement de l'assurance devraient avoir, par l'entremise des représentants élus, une part importante dans la gestion de l'assurance.

14. Une bonne organisation de l'assistance médicale et notamment la constitution et l'utilisation rationnelles d'un outillage sanitaire correspondant au développement de la science et de la technique médicale, peuvent être plus aisément obtenus, — sauf dans certaines circonstances spéciales, — par une concentration d'efforts sur la base territoriale.

IV. Ressources.

15. Les ressources de l'assurance devraient être demandées aux cotisations des assurés et aux contributions des employeurs. A cet effort commun de prévoyance, des contributions provenant de fonds publics pourraient s'ajouter utilement, en vue notamment de l'amélioration de la santé populaire.

En vue d'assurer la stabilité de l'assurance, des réserves de prévoyance appropriées aux conditions particulières de chaque système d'assurance, devraient être constituées.

V. La solution des conflits.

16. En vue d'une solution rapide et peu coûteuse les conflits entre assurés et institutions d'assurance au sujet des prestations devraient être portées devant des juridictions spéciales comprenant des juges ou assesseurs particulièrement au courant du but de l'assurance et des besoins des assurés.

VI. Dérogation pour les territoires peu peuplés.

17. Les Etats qui, par suite de la faible densité de la population, ou par suite de l'insuffisance des moyens de communication, ne peuvent organiser l'assurance-maladie dans certaines parties de leur territoire, devraient :

a) établir dansces parties de territoire un service sanitaire approprié aux conditions locales;

b) examiner périodiquement si les conditions requises pour l'introduction de l'assurance-maladie obligatoire dans ces parties de territoires sont réalisées.

VII. Marins et pecheurs.

18. La présente recommandation ne vise pas les marins et les marins pêcheurs.

BIBLIOGRAPHIE

On n'a indiqué ici que les grandes collections et les ouvrages fonda mentaux; les autres livres sont cités dans le texte ou dans les notes.

Publications du Bureau international du Travail, Genève, notamment :

1° *Revue du Bureau International du Travail.*

Juin 1925. — L'organisation internationale du Travail et les Assurances sociales.

Octobre 1924. — Jacques Ferdinand Dreyfus, « Les régimes financiers de l'Assurance Sociale. »

Mars 1925. — Dr Karl Pribram, « Le problème de l'unification des Assurances sociales ».

Janvier 1925. — Dr Richard Freund, «Le problème de la réorganisation des assurances ouvrières en Allemagne ».

Décembre 1927. — A. Tixier, « L'Assurance maladie devant la conférence internationale du Travail ».

Juin 1927. — Andréas Grieser, «Les tendances actuelles de l'assurance maladie obligatoire. Le rôle de la prévention dans l'assurance sociale ».

2° *Série M : Assurances sociales.*

1. Les problèmes généraux de l'assurance sociale, 1925, 146 p. 3 »
2. La réparation des accidents du travail. Analyse comparative des législations nationles, 1925, 708 pages .... 15 »
3. La réparation des maladies professionnelles. Analyse comparative des législations nationales, 1925, 75 pages...... 1 25

4. L'assurance maladie. Analyse comparative des législations nationales, 1925, 146 pages .... *Epuisé*
5. La réparation des accidents du travail aux Etats-Unis, par Ralph H. Blanchard, Ph. D. Professeur à l'Université de Columbia, 1926, 110 pages .... 2 »

Revue du droit international privé.
Journal de droit international privé.
Répertoire de droit international privé. Librairie du Recueil Sirey.
Bulletin trimestriel de l'Institut des actuaires français, et notamment juin 1927, septembre et décembre 1928. Dulac.
Comptes rendus des Congrès internationaux d'actuaires, notamment Congrès de Londres, 1929.
JOSEPH HÉMARD. — *Théorie et pratique des assurances terrestres* 1924-25, 2 vol., in-8°, Librairie du Recueil Sirey.
BARTHÉLÉMY RAYNAUD. — *Les accidents du travail des ouvriers étrangers*, Thèse Paris, 1902.
LOUBAT. — *Les accidents du travail en droit international*, Librairie générale de droit de jurisprudence, Paris, 1911.
ERNEST MAHAIM. — *Le droit international ouvrier.* Librairie du Recueil Sirey, Paris, 1913.
EMILE FLEURY. — *Commentaire pratique et critique de la loi du 5 avril 1928.* Librairie du Recueil Sirey, Paris, 1929.

TABLE DES MATIÈRES

ANNEXE

CODE INTERNATIONAL DE L'ASSURANCE SOCIALE

1re *session, Genève* 1919.

2e *session, Gênes* 1920.

3e *session, Genève* 1921.

7e *session, Genève* 1925.

10e *session, Genève* 1927.

ERRATA

Page 12, ligne 1 du motto, *lire* provient.
Page 12, 3e avant-dernière ligne, *lire* paraît.
Page 20, ligne 7, *lire* la.
Page 25, ligne 11, *lire* élevée.
Page 29, ligne 12, *lire* d'autres.
Page 34, ligne 16, *lire* reconnaît.
Page 39, ligne 3, *lire* mises.
Page 41, ligne 1, *lire* du droit.
Page 41, avant-dernière ligne, *au lieu de* en effet..., *lire* en effet,
Page 46, ligne 3, *au lieu de* pourront, *lire* pouvant.
Page 48, ligne 23, *au lieu de* retraire, *lire* retraite.
Page 51, ligne 2 (motto), *lire* rôle.
Page 64, ligne 4, *lire* vraie.
Page 67, ligne 1, *lire* il n'est.
Page 67, avant-dernière ligne, *lire* tendent à.
Page 69, en tête, *lire* vieillesse.
Page 71, en tête, *lire* vieillesse.
Page 71, ligne 23, *lire* traite.
Page 73, titre, *lire* chômage.
Page 73, ligne 4, *lire* la.
Page 74, ligne 17, *lire* XIX.
Page 77, ligne 17, 2 fois *lire* Arbeits.
Page 79, ligne 1, *lire* ainsi, en.
Page 79, ligne 11, *lire* milieux.
Page 83, ligne 7, *lire* ratification, le monde.
Page 86, ligne 14, *lire* international.
Page 88, ligne 12, *lire* jurisprudence.
Page 125, par. II, *lire* assistance.
Page 128, avant-dernier paragraphe, *lire* avaient soumis.
Page 136, 7e avant-dernière ligne, *lire* réparation.
Page 138, sous-titre, *lire* maladie.
Page 146, avant-dernière ligne, *lire* salion inter.
Page 147, ligne 7. *lire* Organisation.

Bordeaux. — Imp. J. Bière, 18-20, rue du Peugue. — 1930.

www.ingramcontent.com/pod-product-compliance
Ingram Content Group UK Ltd.
Pitfield, Milton Keynes, MK11 3LW, UK
UKHW021149260726
13994UKWH00001B/361

9 782329 176536